… und Gott sprach: „Lasset uns Menschen machen, nach unserem Bild und Gleichnis"

Max Denzinger

… und Gott sprach: „Lasset uns Menschen machen nach unserem Bild und Gleichnis"

Und was ist daraus bis heute geworden?

Bibliografische Information der Deutschen Nationalbibliothek:
Die Deutsche Nationalbibliothek verzeichnet diese Publikation in der Deutschen Nationalbibliografie; detaillierte bibliografische Daten sind im Internet über http://dnb.dnb.de abrufbar.

© 2017 Max Denzinger

Herstellung und Verlag: BoD – Books on Demand, Norderstedt

ISBN: 9783743150980

... und Gott sprach: „Lasset uns Menschen machen nach unserem Bild und Gleichnis"!

Und was ist daraus bis heute geworden?
Dieser Ausspruch Gottes, den ich in der Bibel fand, machte mich neugierig. Erst dachte ich etwas humorvoll, wollte Gott tatsächlich uns Menschen zu göttlichen Wesen oder gar zu Göttern machen? Wenn ja, dann ist das Ergebnis negativ ausgefallen. Wir sind alles andere als ein Gott.
Mich ließ aber der Gedanke nicht los, dass er mit dieser Ankündigung doch etwas zum Ausdruck bringen, etwas andeuten wollte. Sollten wir Menschen gegenüber allen sonstigen Lebewesen anders werden, etwas BESONDERES werden? Dass er mit uns Menschen etwas vorhatte, kann man dem Text entnehmen. Aber was?
Meine Neugierde wuchs, und ich wollte nun nicht mehr nur Wissenswertes über uns Menschen erfahren, sondern auch über das ganze Universum, wollte erkunden, wie diese Welt und alles, was darauf zu finden ist, geworden ist.
Vor fünf Jahren begann ich noch im Alter von 85 Jahren ein Eigenstudium. Die Fachliteratur stand bisher unbenutzt in meiner Bibliothek bereit, mir Auskunft zu geben.
Mein Ziel war es, zu erfahren, was die beiden zuständigen Instanzen, nämlich die Religion und die Wissenschaft, bis heute über die Entstehung der Welt und der Menschen anzubieten haben.

Ich will keine wissenschaftliche Arbeit schreiben, ich will die Meinungen der beiden gründlich studieren, die Erkenntnisse und Anschauungen genau durchdenken und mit meiner eigenen, hoffentlich verständlichen, Sprache darstellen und kritisch kommentieren. Dabei möchte ich den Fluss meiner Gedanken nicht durch viele wörtlich angeführte Zitate und notwendige Angaben über Auffindung derselben unterbrechen. Ich beschränke mich darauf, den Inhalt mit eigenen Worten wiederzugeben.

<u>Als erstes wollte ich Klarheit über uns Menschen bekommen.</u>

Ich fragte mich selbst: Wer bin ich? Woher komme ich? Was soll ich?
Na ja, ich bin ein Geschöpf wie jedes andere auch, aber doch ein bisschen anders. Ich kann denken, schreiben, lesen, lachen, mich freuen, weinen. Ich kann nachdenken, etwas begreifen, planen, Auswege suchen.
Ich kann Gutes tun und Böses tun.
Das können andere Lebewesen nicht so wie wir Menschen. Das sind also schon Unterschiede, die wir selbst feststellen können.
Ich wollte aber Genaueres, und das konnten mir nur die Religion und die Wissenschaften geben.

<u>Was habe ich aus der Bibel erfahren?</u>

„Gott schuf am 6. Tag den Menschen. Er schuf ihn durch einen Kraft- und Willensakt heraus aus dem Nichts. Er schuf ihn nach seinem Bild und Gleichnis. Er schuf ihn als Mann und Frau und beide sind gleichwertig und gleichberechtigt.

Gott schuf den Menschen aus zwei Teilen:
Er nahm fruchtbare Erde und formte daraus den vergänglichen Leib. Der zweite Teil ist der göttliche Teil mit göttlichen Eigenschaften (Denken, Fühlen, Gewissen, freiem Willen und der ewigen Seele). Diese brauchte man für das ewige Leben im Jenseits. Die Bibel sagt, dass das Leben der Menschen nach dem Tod für die Seele, die sich vom Körper trennt, im Jenseits weitergeht!
Wir Menschen sind also ein Geschöpf Gottes, das er mit göttlichen Gaben und Eigenschaften ausgestattet hat. Wir können also am Weltgeschehen teilnehmen, können uns Gedanken machen über den Sinn und Zweck des Ganzen. Wir sind also etwas BESONDERES in seinem Universum. Ja, er schuf uns Menschen nach seinem Bild und Gleichnis, als KRONE seiner SCHÖPFUNG.
Gott erwartet also von uns auch etwas. Und das scheinen wir Menschen gerne zu vergessen und leben in den Tag hinein, ohne über unser Tun und Lassen nachzudenken.
Jetzt wissen wir, wer wir sind und woher wir kommen.

Was kann uns nun die Wissenschaft zum Werden des Menschen sagen?

Die Wissenschaft glaubt nicht, dass der Kraft- und Willensakt eines Gottes ausreicht, um aus dem Nichts alles erschaffen zu können. Sie meint, dass der Mensch ein Stück Natur ist wie alle anderen Lebewesen auch. Die ewige Kraft, die in den Gesetzen der Natur und der Evolution wirkt, ließ den Menschen langsam werden. Er hat sich nicht nur körperlich entwickelt, sondern auch geistig. Die Wissenschaft sucht nach der Wahrheit, will ihr immer näherkommen. Die Wissenschaft verneint eine Einwirkung übernatürlicher

Kräfte beim Werden des Menschen. Sie betont aber auch, dass dieses Lebewesen Mensch sich von allen andern Lebewesen grundsätzlich unterscheidet. Er kann sich zu einem intelligenten Wesen entwickeln, ist also auch etwas BESONDERES.

Der Mensch ist ein Produkt der Naturgesetze, der Evolution und anderer notwendigen Voraussetzungen. So kann z.B. Leben nur entstehen, wenn Feuer als eine Energiequelle vorhanden ist, wenn Wasser als Flüssigkeit vorrätig ist und gewisse Bausteine des Lebens (Gene) vorhanden sind. Bei seinem Werden hat keine außerirdische Kraft mitgewirkt. Die Begabungen und göttlichen Eigenschaften haben sich mit ihm entwickelt und machen den Menschen zu einem BESONDEREN Lebewesen, das sich hoch entwickeln kann und so eine Sonderstellung unter den Lebewesen einnimmt.

Also auch die Natur hat den Menschen zu einem Spitzenprodukt werden lassen, auch zu einer Art „KRONE DER SCHÖPFUNG".

Nun stellen wir aber fest, dass bis heute der Mensch in seinem bisherigen Dasein kaum etwas „Göttliches" gezeigt hat.

Für mich liegt ein Grund darin, dass die meisten Menschen gar nicht wissen, dass sie etwas BESONDERES sind. Sie kennen auch ihre Religion viel zu wenig. Sie bemühen sich gar nicht, über die Bedeutung einer Religion nachzudenken, sondern geben sich damit zufrieden, was die Kirche und der Papst ihnen sagen. Sie leben oberflächlich in der Tradition der Religion so dahin, werden getauft, weil die Eltern es für sie machen, nehmen an der ersten Hl. Kommunion und der Firmung teil, holen sich noch den kirchlichen Segen bei der Hochzeit und beim Sterben und Begräbnis. Aber sonst sind sie oberflächliche Christen.

Wir Menschen erfuhren das religiöse Weltbild schon recht früh und lebten mit ihm bis ins 16-te Jahrhundert hinein. Dann konterte die Wissenschaft und gab ihre Erkenntnisse bekannt. Seitdem müssen wir Menschen uns mit zwei Darstellungen auseinandersetzen.

<u>Nun wollte ich natürlich auch wissen, wie beide sich die Entstehung des Universums vorstellten.</u>

<u>Wir erfahren im Schöpfungsbericht folgendes:</u>

„Gott hat in fünf Tagen aus dem Nichts durch einen Kraft- und Willensakt das ganze Universum und alles, was wir in ihm finden, erschaffen. In den ersten fünf Tagen machte er Ordnung in seiner Schöpfung."
Dieser Gott war eine mächtige Kraft, der man alles zutraute. So auch die Schöpfung der ganzen Welt. Und so gab man es auch den Menschen bekannt.

<u>Und wie sieht die Wissenschaft das Entstehen des Universums?</u>

Sie tut sich hier sehr schwer. Wir kennen erst einen kleinen Teil des Universums, so dass in verschiedenen Theorien versucht wird, Möglichkeiten für die Entstehung aufzuzeigen. Die Wissenschaftler bräuchten Urmaterie für die Forschung, und diese gibt es nicht mehr, weil die Welt lange vor uns Menschen schon besteht. Vielleicht gab es vor unserem jetzigen Universum schon eines, das aber verfallen ist und nur ein kleines Gebilde mit Urmaterie blieb in einem Uratom übrig, explodierte und aus den Trümmern entstanden wieder neue Gebilde und ein neues Universum. Man vermutet heute, dass es vor etwa 13 MILLIARDEN Jahren ein Uratom gab, das wirklich im sogenannten Urknall explodierte und aus den Trümmern entstanden in 380 000 Jahren die ersten Sterne unseres Universums, das sich immer noch mit rasender Geschwindigkeit ausdehnt und sich laufend verändert. In unserem Universum herrschen zum Teil noch chaotische Verhältnisse, zum Teil gibt es geordnete Systeme, Sonnensysteme, Galaxien mit Milliarden Sternen. Aber es fliegen auch noch Brocken unkontrolliert im All umher und gefährden geordnete Gebilde.

Unsere Wissenschaftler haben schon sehr viel erforscht und ihre Erkenntnisse sind sehr vielseitig. Aber Rätsel geben noch auf die Dunkle Materie, die 80 - 90 % der Materie ausmacht, die verschiedenen Kräfte, die im All wirken und die Schwarzen Löcher. Es gibt einen Raum, in dem weder Materie noch Energie existieren, das VAKUUM.

Da gibt es noch viel Forschungsarbeit zu leisten.

<u>Ich wollte auch erfahren, wo unser Platz im Universum sein sollte</u>

Gott und die Kräfte der Natur haben uns einen kleinen Planeten in unserem Sonnensystem zugedacht. Wir sind also ein ganz kleiner Teil vom Universum, aber ein sehr wichtiger. Dieser kleine Planet Erde ist ein Glücksfall im Universum, denn - soweit uns bis heute bekannt - ist er der einzige, auf dem alle Voraussetzungen vorhanden waren, dass Leben in dieser Vielfalt entstehen konnte. In seiner Materie befanden sich alle Bausteine (Elemente), die für das Werden von Pflanzen, Tieren und Menschen notwendig sind. Dazu war genügend Wasser (Flüssigkeit) vorhanden und es fehlte auch nicht die notwendige Wärme (Hitze, Energie), so dass alles vorhanden war, damit Leben entstehen konnte.

Und diese Erde ist der Bereich, auf dem auch wir geworden sind, unser kurzes Leben verbringen und auch beenden. Damit ist uns die Erde als der Bereich zugeteilt, den wir unbedingt für unser Tun und Lassen benötigen und für den wir auch verantwortlich sind. Es liegt ganz allein an uns, was auf unserer Erde geschieht. Es liegt ganz allein an uns, ob wir sie zerstören oder erhalten wollen. Natürlich können auch unvorhergesehene Ereignisse eine Rolle spielen (Einschläge anderer Gebilde auf sie, Vulkanausbrüche, Erdbeben).

Für uns Menschen sind also unser Sonnensystem und die Erde von großer Bedeutung. Und wenn wir von Welt sprechen, meinen wir auch nur diese beiden. Sie sind unsere Welt.

Und darüber sollten wir Menschen schon ein wenig wissen.

Unsere Sonne ist vor etwa 8 Milliarden Jahre aus RECYCLINGMATERIAL entstanden. Sie hat noch etwa für 6 -7 Milliarden Jahre Brennmaterial zur Verfügung. Dann wird sie immer heißer, platzt und verschwindet in einem Schwarzen Loch oder ihre Trümmer stoßen mit anderen Gebilden zusammen und verschmelzen zu neuen Elementen und Sternen. Ohne Sonne wäre auf der Erde kein Leben entstanden.

Unsere Erde war anfangs ein Kochtopf, in dem ständig Neues geworfen wurde. Die Evolution wandelte den giftigen Schwefel in Sauerstoff, Wasserstoff und Kohlenstoff um. Als flüssiger und gasförmiger Körper flog die Erde Jahrmillionen um die Sonne, ohne dass etwas passierte. Entstanden ist sie aus Gas- und Staubteilchen der Sonne, die von einem Einschlag eines anderen Sterns auf der Sonne stammten. Dies geschah vor etwa 3 - 4 Milliarden Jahren. Ein lang anhaltender Abkühlungsprozess setzte ein, der heute noch andauert. Verschiebungen der Kontinente um jährlich 5 Zentimeter sorgen für zahlreiche Erdbeben, Vulkanausbrüche beweisen, dass noch flüssiges Magma im Erdkern vorhanden ist. Diese ist zurzeit in Bewegung und man vermutet eine Verschiebung der Pole und Verlagerung der Erdachse. Das kann schlimme Folgen haben. Die Sonnenbestrahlung der Erde kann sich ändern und eine Veränderung des Klimas bewirken.

Nachdem wir nun auch den Bereich des Universums kennen, auf den wir unser Dasein verbringen müssen, möchte ich die Entwicklung des Menschen darstellen und die wichtigen Ereignisse nennen, mit denen er sich im Laufe seines Daseins bis heute auseinandersetzen und reagieren musste. Mich interessiert, wie er immer wieder Neues in sein Leben einbauen und damit leben musste.

Der Vollständigkeit wegen und zum besseren Verständnis möchte ich zuerst in einer Kurzfassung die Zeit seines Werdens und die Entwicklung bis zu dem Zeitpunkt offenlegen, bis sein eigentliches „MENSCHSEIN" begann. Es ist die Zeit, die wir in seiner Entwicklung URMENSCH, VORMENSCH und ALTMENSCH nennen.

<u>Sein Werden ist eng mit der Evolution verknüpft</u>

Es mussten ja erst alle Lebewesen, die vor ihm waren, beweisen, dass sie lebensfähig waren. Und nun haben Wissenschaftler festgestellt, dass zu einem bestimmten Zeitpunkt vor etwa 2 - 3 Milliarden Jahren, Fische, Mäuse, Affen und der Mensch fast den gleichen Bauplan haben. Bis zu 90 % sind sie mit den gleichen Busteinen entstanden. Und da man ja nun menschliche Knochen, Teile des Skeletts gefunden hat, konnte man die Entwicklung eines neuen Lebewesens feststellen. Und dieses Lebewesen hatte nach seiner Geburt das Aussehen seiner Eltern. Es sah aus wie ein Schimpanse.

Was war geschehen?

Die Evolution ist dafür zuständig, dass Veränderungen in der Natur geschehen können. Sie hat den Bauplan eines Vorläufers des Schimpansen verändert, so dass das entstehende Junge ein neues Lebewesen werden konnte.

In einer sehr langen Entwicklung wurde aus dem anfangs affenähnlichen Lebewesen ein menschenähnliches. Aus den Vorderfüßen wurden die Hände, mit denen es zupacken und auch noch klettern konnte. Das Becken wurde umgebaut. Muskeln, Sehnen und Bänder halten den Oberkörper aufrecht. Neben der körperlichen Entwicklung wurden auch die geistigen Fähigkeiten immer umfangreicher. Diese Lebewesen wurden neugierig, beobachteten und fertigten aus Steinen einfache Werkzeuge. Dazu konnten sie bald Feuer selbst herstellen und sinnvoll benutzen und sich mit einer simplen Sprache verständigen. Dies war der Zeitpunkt und Beginn des eigentlichen Menschseins. Ein neues, noch nicht dagewesenes, Lebewesen begann sein Dasein als Mensch.

Ich frage mich: Wie kamen die ersten Menschen in dieser Welt zurecht?

Man geht heute davon aus, dass diese Menschen von Afrika aus aufbrachen und nach und nach die ganze Erde besiedelten. Man glaubt auch, dass es nach der letzten Eiszeit, als in Deutschland der Neandertaler lebte, in Asien, Russland, China, Australien zur gleichen Zeit noch zwei Urtypen von Mensch gab, die sich begegnet sein müssen, sich vielleicht anfangs bekämpft haben aber dann gepaart und vermischt haben. Und so sind unterschiedlich aussehende Menschen entstanden. Diese drei Urtypen sollen die Stammeltern der Menschheit sein. Eine endgültige Erkenntnis ist das nicht, da man immer wieder neue Teile von Menschen finden kann.

Vom Neandertaler hat man ganze Skelette gefunden und konnte sich so ein Bild von seinem Aussehen machen. Er war etwa 160 Zentimeter groß, hatte lange herunterhängende Arme, kurze Beine, der Kopf war groß. Er hatte eine fliehende Stirn, dicke Augenwülste, kaum ein Kinn. Er war schon ein echter Altmensch.

<u>Wie haben nun diese ersten Menschen gelebt?</u>

Sie zogen als Jäger und Sammler durch die Gegend, suchten sich geschützte Plätze, wo sie sich aufhalten konnten und mussten immer den Tieren folgen, wenn diese neue Futterplätze suchten. Sie verbesserten ihre Jagderfolge dadurch, dass sie Steinspitzen an ihre Pfeile und Speere anbrachten, scharfkantige Schaber, Messer und Äxte aus Stein herstellten. Jetzt konnten sie große Tiere zerlegen, das Fleisch von den Fellen schaben und diese als Kleidung verwenden. Das Feuer brachte Wärme in die Höhlen und diente der Verbesserung der Nahrungsmittel. Ihre Feinde waren wilde Tiere, die auch andere Tiere als Nahrung brauchten und die auch Höhlen als Bleibe benutzten.

Auf ihren Wanderungen kamen sie in Flusstäler. Da gab es fruchtbare Böden zum Anbau von Samenpflanzen. Jetzt konnten sie sich als sesshafte Bauern niederlassen, Viehzucht betreiben und so den Eigenbedarf an Nahrungsmitteln selbst herstellen. Auch feste Behausungen wurden gebaut und Haustiere gehalten. Städte und Völker entstanden.

Kluge Männer versuchten, sich die Welt vorzustellen. So entstanden bei den verschiedenen Völkern eigene Weltbilder und Kulturen. Sie konnten aber nur das verwerten, was sie mit ihren Augen sahen. Und so entstanden einfache Darstellungen.

<u>Unbekannte Naturereignisse zwangen die Menschen, ihr bisheriges Weltbild zu ändern.</u>

Sie erlebten Ereignisse, die sie stark verunsicherten und ihnen Angst einjagten. Sie beobachteten, dass unter lautem Getöse plötzlich die Spitze eines Berges in die Luft flog, dass Rauch und Asche und feurige Gesteinsbrocken in den Himmel geschleudert wurden, dass flüssige Lavamasse den Berg herunterkam und alles zerstörte, was sich ihr in den Weg stellte. Sie sahen Blitze und hörten den Donner, sie zitterten mit bei einem Erdbeben.

Da waren Kräfte und Mächte am Werk, die man nicht erkannte, aber ihre Wirkung man deutlich spürte. Mit diesen unsichtbaren Kräften musste man sich gut stellen.

Die Menschen suchten nach den Verursachern dieser Ereignisse und fanden sie in Dämonen, Geistern, vielleicht sogar in Göttern. Sie erkannten die Kraft dieser Außerirdischen und nahmen Verbindung zu ihnen auf. Sie holten sie zu sich auf die Erde und gaben ihnen bestimmte Bereiche, für die sie jetzt zuständig waren. Diese Kräfte wollte man für sich nutzen.

Diese Beziehung der Menschen zu den Göttern war für sie ein ungeheures Ereignis, denn damit begannen die Religionen. Religion ist die Beziehung eines Menschen zu einem Gott.

Da nun die entstandenen Völker für ihre Kulturen nicht die gleichen Götter holten, entstanden viele unterschiedliche Religionen mit verschiedenen Göttern. Denn Kulturen entstanden aus dem Gedankengut der Völker und waren deshalb unterschiedlich. Es kam darauf an, wie klug die Männer waren, die damals ihre Weltbilder schufen.

Der griechische Götterstaat zeigt deutlich, wie bedeutend die Götter damals für die Menschen waren. An der Spitze stand Göttervater Zeus mit seiner Frau Hera. Für alle wichtigen Bereiche gab es Göttinnen oder Götter, die vorher gefragt wurden, ehe man etwas unternahm. So gab es einen Kriegsgott, eine Göttin für Jagd, einen Meeresgott, einen Gott für den Hades, eine Göttin der Schönheit. Die Menschen gaben den Göttern immer mehr Bedeutung und Aufgaben, so dass die Götter bald das Sagen im Leben der Menschen hatten. Nichts ging mehr ohne den Rat eines Gottes. Die Götter gaben Vorschriften, Gebote und Anweisungen heraus und bestimmten den Weg, den die Menschen zu gehen hatten. Die Religionen sagten den Menschen, was sie tun müssen, was gut für sie war und zeigten ihnen den Weg zur ewigen Seligkeit im Jenseits.

Die Menschen hatten nichts dagegen. Einem Gott zu gehorchen war gut und lohnte sich, denn er versprach besonders den Armen, Frauen, unterdrückten Menschen Genugtuung und Belohnung für ihre Treue im Jenseits. Die Menschen fanden Trost, Halt und Hoffnung und Gerechtigkeit in der Religion.

<u>Das Zeitalter der Religionen und Götter begann</u>

Die Menschen mussten sich umstellen, sie mussten umdenken und sich ein neues Weltbild schaffen. Die Götter, die sie selbst erdacht und gemacht hatten, bestimmten ihr Leben und verlangten unbedingten Gehorsam.
Sie mussten ihr Wollen dem Wollen Gottes unterordnen.
Die Menschen mussten mit den Göttern leben.
Im ganzen Orient stellte man sich die Welt so vor:
Man gliederte sie von oben nach unten. In der Mitte schwamm die Erde in Form einer Scheibe, darüber war das Firmament und darunter die Unterwelt. Die Erde ist das Gebiet für Menschen, Tiere und Pflanzen, denen Gott den Lebensatem gegeben hatte. Das Firmament bedeckt die Erde in Form einer Halbkugel. Sonne, Mond und Sterne befinden sich dort und ziehen ihre Bahnen. Oben wohnt Gott und ordnet alles. In der Unterwelt führen die Toten ein Scheinleben. Gott wirkt als alleinige Kraft.
Zu diesen allgemeinen Deutungen kamen im Laufe der Zeit die Erkenntnisse der Wissenschaft hinzu und die Deutungen der Philosophen.
Ein junger Denker mit Namen Aristarch von Samos (399 - 230 vor Christi) behauptete, dass die Sonne im Mittelpunkt der Welt stünde und die Erde sie umkreise und sich um die eigene Achse drehe. Er wurde ausgelacht und vergessen. Die Menschen waren noch nicht so weit, ihn zu verstehen.
Um 150 v. Chr. schuf der ägyptische Astronom PTOLEMÄUS eine Ordnung, die bis ins 18-te Jahrhundert Geltung hatte. Sein Weltbild sah so aus:
Die Erde steht im Mittelpunkt der Welt. Um die Erde schwingen sich die Sonne und die Planeten.

Dieses PTOLEMÄISCHE WELTBILD wurde von der Kirche gern übernommen, da es zu ihrem Schöpfungsbericht passte.

„Die demütige Unterwerfung unter Gott ist der schönste Schmuck des Christen"

Diese zahlreichen Religionen und Götter waren für die Entwicklung der Menschen von großer Bedeutung. In ihren Göttern hatten sie eine Kraft gefunden, die ihnen Orientierung, Halt und Wegweiser sein konnte.

Sie sahen in Gott eine Autorität, eine Kraft, die alles konnte was sie wollte. Gott war allmächtig, allwissend, allweise, allgegenwärtig, barmherzig, gerecht und liebte die Menschen. Das genügte ihnen, denn ihre geistige Entwicklung reichte noch nicht aus, schon alles genauer zu verstehen.

Diese Religionsgötter - wie ich sie nenne - sind und konnten nicht der Urgott sein, der alles erschaffen hat. Dafür waren sie viel zu menschlich und vergänglich.

Für mich bestehen Religionen und ihre Götter nur für eine bestimmte Zeit. In dieser Zeit hatten die Götter die Bedeutung, die ihnen die Menschen zugedacht hatten und von ihnen erwarteten. Religionen sind vergänglich, ihre Götter ebenfalls. Beide sind Menschenwerk und das ist vergänglich.

So sind im Laufe der Geschichte viele Religionen und ihre Götter wieder verschwunden. Immer dann, wenn sie ihre Kraft und Wirkung verloren. Und ein Grund dafür konnten neue Erkenntnisse gewesen sein. Später bestimmten auch weltliche Herrscher den Glauben ihrer Untertanen. Viele Kaiser schlüpften in die Rolle eines Gottes und regierten als Gottkaiser in China, in Ägypten als Pharaonen, und der röm. Kaiser Konstatin als Sonnengott in Konstantinopel als Herrscher des röm. Reiches.

Und so kamen und kommen immer wieder neue Ereignisse dazu, und die Menschen müssen umdenken und sich neue Weltbilder bauen.

Noch spielen Religionen eine wichtige Rolle für viele Menschen. Von den rund 8 Milliarden Menschen, die zurzeit auf der Erde leben, bekennen sich etwa 6 1/2 Milliarden zu einer religiösen Gemeinschaft. Besonders die Entwicklungsländer haben hier Nachholbedarf.

In unserer Zeit leben Menschen mit verschieden Wertvorstellung und verschiedenem Glauben eng zusammen. Da treten oft Probleme auf. Deswegen ist es wichtig, dass wir Menschen in Europa über die derzeitigen großen Religionen einen kleinen Überblick haben.

Den will ich geben.

Was bieten die fünf großen Weltreligionen ihren Gläubigen an?

Man kann zwei Gruppen unterscheiden: die <u>östlichen Religionen</u> und die <u>westlichen</u>.

Die östlichen sind die des

EWIGEN WELTGESETZES, weil nach ihnen die Welt ewig ist, keinen Anfang und kein Ende hat. Sie erneuert sich im wechselhaften Entstehen und Vergehen. Es ist nicht von Bedeutung, ob ein unpersönliches Weltgesetz das höchste Prinzip allen Werdens darstellt oder ob dieses als Manifestation einer über und in der Welt waltenden Gottheit angesehen wird.

Die westlichen Religionen der GESCHICHTLICHEN OFFENBARUNGEN machen die Existenz des Universums und seiner Bewohner von dem Wirken eines von der Welt verschiedenen, überlegenen, persönlichen Gottes abhängig, der alles aus dem Nichts ins Dasein gerufen hat und mit Macht nach einem Plan regiert. Die Welt hat einen Anfang und ein Ende.

Jeder überzeugte Anhänger einer Religion ist der Meinung, dass seine, die er vertritt, die einzig richtige ist und für alle Menschen gelten sollte. Man vermutet, dass die Hochreligionen noch keinen Endpunkt in der geistigen Entwicklung des Menschen darstellen, denn es gibt im unablässigen Strom des Werdens und Vergehens kein endgültiges ZURRUHEKOMMEN, sondern nur einen Wandel der Formen und einen gesetzmäßigen Aufstieg und Verfall.

Nun zu den einzelnen Religionen.

DER HINDUISMUS

Er ist eine Religion des ewigen Weltgesetzes. Er wurde von keiner Persönlichkeit gestiftet, sondern ist ewige Weltreligion. Es treten immer wieder weise Männer auf, die die Weisheit verkünden. Er ist eine gewordene Volksreligion für die Inder. Er ist keine für alle verbindliche Lehre.

Alle Lebewesen sind von Geburt an nach Fähigkeiten und Obliegenheiten voneinander getrennt und einer der fünf Kasten zugeteilt. Diese legen Rechte und Pflichten und Lebensweise fest.

Es gibt den Lehrstand, den Wehrstand, den Nährstand. Diese drei haben besondere Weihe und die Menschen haben schon eine Wiedergeburt erlebt und sind zum Studium der VEDA (Heilige Schriften) berechtigt.

Die SHUDRAS haben allen Zweitgeborenen zu dienen.

Die PARIAS = Unberührbare haben unehrliche Berufe (Straßenfeger, Abortreiniger).

Die Asketen haben alles Weltliche von sich getan und werden als ERHABENE angesehen.

Die Vedas sind ewiges Wissen, sind Richtschnur allen Denkens und Handelns. Die Heiligen Schriften sind Wege hin zur Erlösung. Alle Glaubensdinge sind persönliche Angelegenheit des Individuums.
BRAHMA, VISHNU und SHIVA sind drei verschiedene Gestalten eines URWESENS: Es sind keine Götter sondern vertreten sie. Sie gelten als Schöpfer, Erhalter und Gestalter des Universums.
Der Hinduismus ist eine ewige überzeitliche Urreligion. Alle Hindus glauben an zahlreiche Gottheiten. Er beruht auf Heiligen Schriften (Veden), diese sind ewig und übermenschlichen Ursprungs, soziale Vorstellungen regeln das Leben.
Im Hinduismus ist nach GHANDI die Verehrung aller Propheten der Welt möglich. Er ermöglicht jedem, Gott nach seinem eigenen Glauben zu verehren. Er ist die vollkommenste Religion der Erde. Er hat die Fähigkeit, alles, was religiös ist, einzuverleiben!

WAS SAGT DER BUDDHISMUS

Den Begründer dieser Lehre nennt man BUDDHA. Buddha bedeutet
der Erleuchtete (von Nacht des Irrtums zum Lichte erwacht).
Buddha hat aus eigener Kraft sein Wissen erlangt, weder durch Offenbarung noch durch Studium der Veden. Er ist kein Gott sondern ein erwachter vollkommener Mensch, ohne Hass, leidenschaftslos und weise, der alles Irdische überwunden hat.
Seine Lehre:
Alles Böse meiden und das Gute tun.
Alles schriftlich vorhandene Material wurde erst 200 Jahre nach seinem Tod aufgeschrieben. Es ist nicht absolut sicher, ob er das gepredigt hat.
Seine Erkenntnis:

Alle Erscheinungen unserer Welt sind vergänglich. Buddha ist kein Schöpfer und Regierer der Welt. Er glaubt nicht an ewige materielle Atome, an die unsterbliche Seele, an Gott. In zahlreichen Wiedergeburten kann der Mensch zum Heile kommen. Das ist der Eingang ins NIRVANA = ein ruhiges Nichts in einem Zustand ewiger seliger Ruhe.

Buddha wirkte und lebte 45 Jahre als Prediger und Wunderlehrer ein Mönchsleben. Zahlreiche Mönche begleiteten ihn.

DER CHINESISCHE UNIVERSISMUS

Bei dieser Religion herrscht Harmonie zwischen Himmel, Erde und Mensch. Die Kraft der Sitte ist es, durch die Himmel und Erde zusammenwirken, dass Gut und Böse geschieden sind, die Unteren gehorchen, die Oberen sind erleuchtet.

Es besteht ein innerer Zusammenhang zwischen dem Himmel oben und dem Volke unten. Und wer das erkennt, ist der wahre „Weise"!

<u>Das Weltall ist ein riesiger lebender Organismus,</u> der sich fortwährend verändert.

Drei Begriffe sind wichtig:

YANG = die positive Kraft, männlich, zeugendes und schöpferisches Prinzip.

YIN = negativer Kraft, weiblich, empfangendes Prinzip.

TAO zeigt sinnvolle Wege, die zum Ziel führen, ist Ordnung und Gesetz, das in allem wirkt.

Die Lehre des KONFUZIUS spielt eine große Rolle. Er betont das Moralgesetz, das im Menschen wirken muss, er verfasste Vorschriften für die Regierenden und die einzelnen Menschen. Pflicht und Gehorsam sind Wurzeln des Menschentums.

Seine Lehre lässt sich in einem weisen Spruch zusammenfassen: „WAS DU NCHT WILLST, DAS MAN DIR TU, DAS FÜG AUCH KEINEM ANDERN ZU"!

DER ISLAM

Islam bedeutet: Hingabe an Gottes Willen. Der Islam ist bilderloser MONOTHEISMUS.

Die Losung des Glaubens lautet: „Es gibt keinen Gott außer ALLAH und Mohammed ist der Gesandte Allahs". Nach dem KORAN waren Adam, Lot, Abraham, Moses, Jakob, Johannes und Jesus alle Rechtschaffende, die den wahren Glauben hatten und die Lehre Mohammeds vorbereiteten. Mohammed hat neue Offenbarung hinzugefügt. Der Islam ist die arabische Form des Judentums durch christliche und heidnische Elemente bereichert. Religion und Staat sind eins. Mohammed hat die zerstrittenen Araber geeint, das ist seine größte Tat. Der Koran ist die Gesamtheit der von Gott dem Engel Gabriel eingegebenen Aussprüche, von Mohammed empfangenen Offenbarungen. Später wurde in den Koran viel Geheimnisvolles hineininterpretiert.

Neben dem Koran gibt es Heilige Gewohnheiten. Fünf Säulen sind zu beachten.

Anerkennung der Wahrheit der Lehre,

Erfüllung von 4 religiösen Pflichten: tägliche Gebete, Fasten, Armensteuer, Wallfahrt nach Mekka.

Gott ist ein ewiges, unvergleichliches Wesen, nicht gezeugt, Schöpfer aller Dinge, Lenker des Universums. Seine Wege sind unbegreiflich.

Die Welt hat Gott aus dem Nichts geschaffen. Allah schuf den Urmenschen Adam aus Lehm, Wasser und Lebensatem. Nach seinem

Tod trennen sich Körper und Geist. Ziel der Schöpfung ist der Mensch. Sündenfall ja, aber keine Erbsünde. Jesus war nicht Gottes Sohn, sondern Prophet.

Nach dem Tod werden Menschen von Engeln verhört. Gewöhnlich Sterbliche bleiben im Grab, Gute kommen ins Paradies, Böse erleiden Höllenqualen. Bevorzugte (dazu gehören die, die sich in die Luft sprengen) sofort in himmlische Gärten, wo irdische Freuden sie erwarten.

DAS CHRISTENTUM ENTSTEHT

Für das Werden des christlichen Glaubens sind das Alte und Neue Testament wichtig. Beide sind für das Verständnis der christlichen Lehre von Bedeutung. Das Judentum ist die Wiege des Christentums, das Christentum ist das mit Christus neu gelesene Alte Testament.

Die Juden hatten sich bald aus einer Anzahl von Göttern den Gott JAHWE ausgesucht und so den Eingottglauben eingeführt (Monotheismus). Dieser Gott JAHWE prüfte Abraham und gab Mose die 10 Gebote. Auch König David arbeitete mit ihm erfolgreich zusammen. Über die Juden hat er versucht, seine Botschaft den Menschen zu offenbaren. Mit dem Volk ging er Bündnisse ein, befreite es aus der Herrschaft der Ägypter und führte es ins gelobte Land.

Doch die Bemühungen des Gottes JAHWE waren nicht sehr erfolgreich. Der Versuch, über das Volk der Juden seine Botschaft an die Menschen zu übermitteln, war gescheitert. Die Juden lebten mit ihrem Gesetzesglauben, doch dieser begann auch schon an Wirkung zu verlieren.

Also wurden sie vertröstet mit der Ankündigung, dass die Welt bald untergehen wird und dass der Sohn Gottes als Messias kommen wird. Und so warteten die Juden auf diese Zeit.

Und nun wurde bei den Juden nachgedacht, wie man die Botschaft Gottes, die da lautet: Neuordnung der Welt durch ein neues Reich, in dem Gerechtigkeit für alle Menschen herrschen sollte, offenbaren sollte. Angestrebt wird auch eine Religion, die für alle Menschen gelten sollte. Und dazu wurde eine neue Lehre ausgedacht, die etwas noch nicht Dagewesenes sein sollte.

Man wollte den Stifter, nämlich Gott selbst, als Mensch auf die Erde kommen und seine Lehre predigen lassen. Das hat es noch nie gegeben. Wenn ein Gott selbst seine Botschaft verkündet, dann musste das doch ein Erfolg werden, denn was ein Gott sagt, ist wahr.

Und jetzt muss man wissen, dass der eine URGOTT, dem die verschiedenen Religionen eigene Namen gegeben hatten, seine Botschaft noch nie selbst, sondern immer über weise Männer oder Propheten oder Mittelsmänner hat offenbaren lassen.

Jetzt muss man auch wissen, dass alle Heiligen Schriften von menschlichen Schreibern für ihre Mitmenschen geschrieben wurden und nicht für einen Gott. Die Botschaft Gottes sollte der Kern, der Inhalt der Texte sein und den Menschen offenbart werden. Damit sie göttliche Aussprüche waren, sollte der Heilige Geist die Schreiber inspirieren und ihnen sagen, was und wie sie es schreiben sollten. Aus der Tatsache, dass Gott nicht selbst seine Botschaft aufgeschrieben hat, können natürlich schon Probleme entstehen. Und wenn dann erst 70 - 100 Jahre nach dem Tod des Verkünders einige Menschen aus der Judengemeinde „sich der Sache Jesus Christus" angenommen haben, um eine schriftliche Lehre zu errichten, treten Schwierigkeiten auf.

Man muss wissen, dass die Texte der Bibel von Menschen geschrieben wurden und oft nicht die Worte Gottes sind.

Ich werde jetzt versuchen zu rekonstruieren, wie die christliche Lehre entstanden ist. Warum all die Ereignisse so eintreten und auf aufeinander folgen mussten, wie wir sie in der Bibel lesen können.

Ich muss hierbei sehr kritisch sein, weil die Entstehung der Lehre nur wenig mit der Botschaft Gottes zu tun hat.

Da Gott Vater als Stifter der neuen Lehre gilt, muss ich ihm den Vorwurf machen, Fehler gemacht zu haben, die die ganze Lehre bestimmen und so kompliziert machen, dass man wenig damit anfangen kann. Diese Fehler mussten wieder behoben werden, und somit kamen Ereignisse in die Lehre, die nur wenig mit der Botschaft Gottes zu tun haben.

Ich weiß natürlich, dass nicht Gott Vater diese Fehler gemacht hat, sondern die menschlichen Macher und Schreiber der Texte.

Mir geht es nicht um die Botschaft Gottes, sondern um das Werden der Lehre.

Ich werde also nur die Ereignisse kritisch betrachten, die dazu beitragen, dass die Lehre so wenig klar und glaubwürdig dargestellt werden konnte.

Sehen wir uns die Geschichte vom Paradies an.

Die ersten Menschen waren unsterblich, hatten keine Begierden und Sünden und sollten bei Gott im Paradies ewig leben. Da hatten sie ja bereits ihr Ziel erreicht: Die ewige Seligkeit. Wahrscheinlich hätte auf Dauer nicht der Platz ausgereicht, es hätte ohne Begierden keinen Nachwuchs gegeben. Gott hätte jeden Menschen neu erschaffen müssen. Da musste also schon nachgebessert werden.

Sehen wir uns den Wunsch der Macher an, Gott selbst auf die Erde kommen zu lassen, um wahrer Mensch zu werden und seine Botschaft selbst predigen zu können.

Wie hat man sich das vorgestellt? Gott ist ein unsichtbares Wesen, das noch niemand gesehen hat und auch nie sehen wird. Er kann gar nicht selbst Mensch werden und sich zeigen. Man ging also von total falschen Voraussetzungen aus. Also braucht Gott Vater einen Vertreter, der für ihn Kind wird. Woher aber einen solchen Ersatz bekommen?

Er denkt an seinen Sohn, der als erste Kreatur der Schöpfung gilt. Den holte er zu sich und beide beschließen folgendes: Der Sohn, der eigentlich ein Geschöpf des Vaters ist, wird zu einem wesensgleichen Gott gemacht und geht für den Vater auf die Erde, wird Mensch und predigt die Botschaft des Vaters.

Man kann an der Gottheit des Sohnes schon zweifeln, wenn auch betont wird, dass er nicht gezeugt ist. Aber wenn der Sohn ihn „meinen Vater" nennt und der „Vater" ihn seinen „Sohn", dann ist er doch ein Geschöpf des Vaters. Ein Geschöpf kann doch nicht auch ein Gott sein.

Also hat man einen Ersatzgott, der für den Vater Mensch wird.

Wenn wer Mensch werden will, muss er gezeugt und geboren werden, man braucht eine Mutter. Die findet Gott Vater in einer Jungfrau aus Nazareth. Die ist mit Josef verlobt, aber noch Jungfrau, also rein. Dieser bringt der Erzengel Gabriel im Auftrag des Vaters im sechsten Monat die Frohe Botschaft.

Der Engel verkündet ihr: Du hast Gnade bei Gott gefunden und wirst einen Sohn empfangen, dem sollst du den Namen Jesus geben, er ist der Sohn Gottes, der verheißene Messias und Erlöser und Heilbringer. Er ist der neue König der Juden.

Der Engel sagt weiter: Der Heilige Geist wird dich überschatten, doch soll Josef als Vater gelten.

Wo kommt plötzlich der Heilige Geist her? An sich ist er auch ein Geschöpf des Vaters, aber auch ein Gott. Der christliche Gott tritt also in drei Personen auf: GOTT VATER, GOTT SOHN UND DER HEILIGE GEIST. Das nennt man Trinität. Die Kirchenlehrer und Theologen zerbrachen sich Jahrzehnte den Kopf, wie man die Trinität den Gläubigen erklären kann und soll.

Selbst der Heilige Augustinus, der bedeutende Kirchenlehrer, beschäftigt sich einige Jahre mit diesem Problem. Er schreibt Bücher, muss aber am Schluss bekennen, dass er das nicht fassen kann. Papst Benedikt XVI. meint, dass selbst der „Gescheiteste" dieses Geheimnis nicht lösen und begreifen kann.

Auch Maria sorgte für Probleme. Kritiker meinen, sie dürfe sich nicht Muttergottes nennen, sie habe nur den Sohn Gottes geboren. Für Probleme sorgte aber die Frage, ob sie die Erbsünde habe oder nicht? Die Dominikaner sagten ja, die Franziskaner nein. Beide stritten sich über 200 Jahre darüber. Dann kam ein Dogma, mit dem Klarheit geschaffen wurde. 1854 wurde die unbefleckte Empfängnis bekanntgegeben, 1950 folgte das Dogma von der leiblichen Aufnahme Marias in den Himmel. Begründung: Maria stehe Gott näher als den Menschen und gehöre zu ihm in den Himmel: Natürlich fragten die Kritiker, wo man im Himmel einen Leib platzieren könne.

Auch die Geburt Jesus Christus ist rätselhaft.

Jesus Christus, der Sohn Gottes kommt in Betlehem auf die Welt. Maria war hochschwanger, als sie sich mit Josef in Betlehem befand. In einem Stall fanden sie eine Stelle, wo das Kindlein geboren wurde. Dieses Kind war aber doch der Sohn Gottes und der neue König der Juden. Das musste der Welt doch mitgeteilt und bezeugt werden. Aber es durfte nicht zu publik erfolgen und gemacht werden und besonders nicht in Nazareth. Hätte Maria gesagt, dass dieses Kind der Sohn Gottes ist, wäre sie als Gotteslästerin gesteinigt worden. Als Zeugen waren die Hirten und die drei Könige oder Weisen aus dem Morgenland ausersehen. Sie besuchten das Kind und fanden es in einem Stall und in einer Krippe liegend neben Ochs und Esel vor.

Dieses Kind war aber gleichzeitig in den Augen der Menschen auch der Erstgeborene von Josef und Maria.

Josef wurde nachts von einem Engel aufgefordert, mit Mutter und Kind nach Ägypten zu fliehen, denn König Herodes wollte es töten, weil er um seine Stellung Angst hatte.

Tatsache ist, dass man in der Bibel nach der Geburt nichts mehr von Jesus Christus hört oder liest. Die Bibel nennt diese Zeit die „Dunkle Zeit Christi". Jesus von Nazareth zog mit seinen Eltern nach Ägypten und kehrte nach Jahren mit den Eltern wieder nach Nazareth zurück. Er wuchs mit Geschwistern in der Familie auf, wurde jüdisch erzogen, erlernte einen Beruf und lebte als Jude bis zum seinem 30-ten Lebensjahr in Nazareth und Umgebung. Er galt bei allen Menschen als erstes Kind von Maria und Josef. Niemand außer den Eltern wusste, wer er noch war, nämlich der Sohn Gottes.

Nun komme ich zu dem Ereignis, das ich als Fehler Gott Vaters ansehe.

Gott hatte den ersten Menschen verboten, von der Frucht des Baumes der Erkenntnis zu essen. Er wollte Adam und Eva prüfen, ob sie sein Gebot auch einhalten. Und siehe da, sie taten es nicht.

Der Vater war zutiefst verletzt und gekränkt und strafte hart, meiner Meinung nach zu hart und unüberlegt.

Gott war aufs Tiefste verletzt und brach die Beziehung zu seinen Geschöpfen total ab. Raus aus dem Paradies, harte Arbeit in Zukunft, Sterblichkeit der Menschen, Verlust seiner Liebe und Gnade, die jeder Mensch braucht. Und er macht ihr Vergehen zur ERBSÜNDE für alle Menschen. Erbsünde bedeutet ewige Verdammnis. Damit hat er alle Menschen verloren, ehe er ihnen seine Botschaft kundtun konnte.

Und der Vater setzte in seinem Schmerz noch eins drauf, er sprach allen Menschen die Fähigkeit ab, sich jemals wieder von der Erbsünde selbst befreien zu können.

Diese Strafe ist für mich ein Beweis, dass sich Menschen die Lehre ausgedacht haben, denn ein allmächtiger, allwissender, gerechter und barmherziger Gott kann eine solche Strafe nicht verhängen. Er kann doch nicht die Menschen, die er für seine Botschaft gewinnen will und braucht, total von sich stoßen.

Diese Erbsünde bedeutet für die Entstehung der Lehre einen Wendepunkt. Es mussten Ereignisse folgen, die es ermöglichten, das gestörte Verhältnis der verdammten Menschen mit ihrem Schöpfer wieder ins Reine zu bringen. Wie aber sollte dies geschehen, da die Menschen selbst es nicht mehr können?

Es musste jemand gefunden werden, der Gott gleich war. Und das war sein Sohn. Der Sohn erklärte sich bereit, ein großes Opfer zu bringen, das als Sühneopfer für alle Menschen gelten sollte, um sie wieder von der Erbsünde zu reinigen und die Beziehung zum Vater wieder zu ermöglichen.

Und so kam es, dass der Sohn nicht nur für den Vater Mensch wurde und seine Botschaft verkünden musste, sondern dass er jetzt auch noch sein Leiden und den Kreuzestod erdulden musste. Folgen musste die Auferstehung, das Treffen nach der Auferstehung mit Jüngern und die Himmelfahrt.

Ohne Erbsünde wären sein Leiden, sein Kreuzestod, die Auferstehung, nochmalige Menschwerdung nicht notwendig gewesen. All diese Ereignisse waren notwendig, um den Fehler des Vaters wieder auszubügeln. Es stand nicht mehr er und seine Botschaft im Mittelpunkt der Lehre, sondern sein Sohn Jesus Christus.

Hätte Gott selbst nicht Mensch werden sollen, dann wären auch keine drei Götter nötig gewesen, sondern nur Gott selbst und ein Prophet, der die Botschaft Gottes den Menschen kundgetan hätte. Und den gab es ja schon in Jesus von Nazareth, der ja wirklich die Botschaft verkündet hat und gekreuzigt wurde, aber nicht aus dem Grund, um uns zu erlösen.

Was hätte man aus der Botschaft Gottes machen können? Was ist daraus geworden?

Wir sind noch nicht fertig mit den wenig überzeugenden Ereignissen.

In seinen Predigten ging Jesus von Nazareth natürlich auch auf die politischen und sozialen Verhältnisse seiner Zeit ein. Er kritisiert die sozialen Missstände, verurteilte die Parteien und Hohen Priester, hielt sich selbst nicht an das Sabbatgebot der Juden, reinigte die Tempel und verärgerte die Hohen Priester und Schriftgelehrten, weil er sich als neuer König der Juden ausgab. Auch die Römer sahen in ihm und seinen Anhängern unliebe Unruhestifter und Volksaufwiegler und wollten ihn loswerden. So wurde er gefangen genommen und von den Hohen Priestern und den Schriftgelehrten zum Tode verurteilt. Der röm. Statthalter Pontius Pilatus musste das Urteil bestätigen. Er verhörte Jesus und fand keine Schuld an ihm, das Volk sollte entscheiden. Es hat entschieden und schrie: Ans Kreuz mit ihm. Pilatus gab nach, und so wurde Jesus ans Kreuz geschlagen und begraben.

Die Gründe für seinen Tod waren also eindeutig religiöser und politischer Natur. Gotteslästerung und Unruhestifter sind die Anklagepunkte.

Und was machen die Macher der Lehre daraus? Sie machten aus Jesus von Nazareth schnell Jesus Christus und übertrugen das Tun und Wirken des Jesus von Nazareth auf Jesus Christus. Sein Tod ist das Sühneopfer für unsere Erlösung von der Erbsünde. Praktisch ist jeder Mensch an seinem Tod schuld. Christus ist für jeden einzelnen Menschen gestorben. Und was sind die Eckpfeiler des Christentums? Der Kreuzestod und die Auferstehung Christi. Wir müssen uns taufen lassen (Wiedergeburt), müssen glauben, dass Christus für uns gestorben und auferstanden ist, um uns wieder von der Erbsünde zu befreien. Das müssen wir glauben. Ohne Erbsünde können wir auch wieder Gottes Liebe und Gnade erlangen.

Gegen diese Erbsünde hat schon 411 n.Chr. ein irischer Mönch und Asket namens PELAGIUS Einwände erhoben und gesagt, dass es keine Kollektivschuld gebe, dass Sünde immer nur eine Einzeltat sei. Seine Lehre wurde vom Hl. Augustinus und der Kirche verworfen.

Meine Gedanken sind die: Die Macher machten die Menschen für den Kreuzestod Christi verantwortlich, um sie durch ein Schuldgefühl an ihn zu binden. Wir müssen ihm immer dankbar sein und dies geschieht, indem wir Christen werden und an ihn und sein Tun glauben.

Zum Kreis der geheimnisvollen Ereignisse gehört auch die Auferstehung Christi. Die hat niemand gesehen, der sie bezeugen konnte. Die Leere der Grabstätte ist kein überzeugender Beweis, denn man hätte den Leichnam stehlen können. Und es waren ja Soldaten als Bewacher aufgestellt. Aber ein Engel sagte den Frauen, die am dritten Tag zum Grab kamen, dass Christus aufstanden ist und dies sollten sie schnell den Jüngern sagen. Und so war der wiederauferstandene Christus selbst Zeuge für die Auferstehung. Er zeigte sich in Menschengestalt und mit den Wundmalen. Und die, mit denen Christus noch 40 Tage zusammen war, bezeugten felsenfest, ihn wirklich getroffen, mit ihm gegessen und geredet zu haben, und Christus habe ihnen noch Befehle und Anweisungen gegeben. Erst dann ist er vor ihren Augen in den Himmel gehoben worden und in einer Wolke verschwunden.

Auch die Menschwerdung wirft eine Reihe von Fragen auf. Bezeugt wurde nur die Geburt. Dann hörte man 30 Jahre nichts mehr von ihm. Erst bei der Taufe von Jesus von Nazareth sagte der Vater den Menschen wieder, wer dieser Jesus von Nazareth eigentlich auch ist, nämlich sein Mensch gewordener Sohn. Aber 30 Jahre war dieser nur der Erstgeborene von Maria und Josef. Er war echter Jude und hat nach der Gesetzeslehre der Juden gelebt. Er fühlte sich auch als Jude, denn er selbst wusste anfangs nicht, dass er der Sohn Gottes ist. Und dieser Jesus von Nazareth fing selbst an zu predigen, die Botschaft Gottes zu offenbaren. Er suchte sich Jünger und zog mit diesen und den Anhängern durch die Gegend und predigte, heilte Kranke, wirkte Wunder und wurde auch wegen Gotteslästerung und Unruhestiftung verurteilt und starb am Kreuze. Und dieser Jesus von Nazareth ist historisch bezeugt und damit auch sein Tun und Lassen als Prediger. Seine Taten, sein Wirken haben die Macher der Lehre auf Christus übertragen und so gedeutet, dass er für die bösen Menschen den Tod erlitten habe. Die damaligen Menschen haben dies geglaubt, denn sie erwarteten sehnlichst den Erlöser und Messias. Und als ihnen Paulus noch sagte, dass mit Jesus von Nazareth endlich der Messias gekommen sei, da waren sie glücklich und froh, denn den hatten sie erwartet, damit sie wieder erlöst werden konnten. Diese Menschen waren noch nicht so klug und gescheit wie wir es heute sind. Sie lebten auch in einer Welt, in der Dämonen, Geister und Götter eine große Rolle spielten. Ihnen war immer gesagt worden, dass der Sohn Gottes bald kommt, dass der Erlöser bald kommt und jetzt war er plötzlich da, und sie waren zufrieden und glaubten es.

Die Lehre Gottes überzeugt nicht. Gott wollte einen Neuanfang, ein Reich, in dem Gerechtigkeit für alle Menschen herrschen sollte. Das sind doch wünschenswerte und anzustrebende Ziele. Aber in der Bibel finden wir davon wenig. Wir erfahren viel ÜBER ihn, aber WENIG von seiner Botschaft. Er konnte ja nicht eingreifen bei der Entstehung der Texte und Lehre. Er musste zusehen, was diese menschlichen Schreiber aus seiner Botschaft machten.

Wenn man dann noch weiß, dass viele Ereignisse von den Evangelisten unterschiedlich und ungenau wiedergegeben wurden, wenn man weiß, dass manche Bücher Menschen zugeschrieben wurden, die sie gar nicht verfasst haben (Mose hat seine 5 Bücher nicht geschrieben , Matthäus hat sein Evangelium nicht geschrieben), wenn man weiß, dass 1000 Jahre an den Texten herumgebastelt wurde, es wurde ergänzt, umformuliert, verändert. Wenn man weiß, dass die Schreiber erst Jahrzehnte nach dem Tod Christi anfingen, eine schriftliche Lehre zu erstellen, dann kann man sich schon vorstellen, dass das kein Meisterwerk werden konnte. Es sind „VIELLEICHTGESCHICHTEN" geworden. So könnte es gewesen sein. Viele Ereignisse sind erst später den Evangelien zugefügt worden.

Die Bibel ist für den normalen Menschen nicht geeignet, ihm ein klares Bild zu offenbaren, das ihm Hilfe für sein Tun und Lassen geben kann. Wir Menschen möchten das, was wir tun und lassen sollen, auch verstehen und begreifen. Der gläubige Christ muss 80 % der Lehre glauben, weil er sie nicht versteht. Und das ist heute einem Menschen nicht mehr zuzumuten.

Zudem wissen die meisten Christen nicht einmal, was sie glauben müssen. Wer liest denn die Bibel?

Wer hat denn Zeit dazu?

Die meisten Christen kommen mit ihrer Kirche nur ein paarmal in engere Berührung. Bei der Taufe, der ersten Kommunion, der Firmung, der Heirat und beim Sterben. Das genügt ihnen. Die Ohrenbeichte wird nicht mehr wahrgenommen. Viele Eltern verschieben die Taufe und überlassen diese dem Kind selber. Geheiratet wird oft ohne kirchliche Trauung. Der Gottesdienst wird immer seltener besucht. Also ist das Christentum zu einer unbedeutenden Angelegenheit geworden. Immer mehr Gläubige verlassen ihre Religion. Die römisch katholische Kirche hat schwere Fehler gemacht. Begonnen hat dies bereits bei der Planung der Lehre.

Nach diesem kurzen Ausflug zu den Religionen wieder zurück zu uns Menschen.

Wie ging unsere Entwicklung weiter?
Bisher hat die Religion bestimmt, was auf der Erde geschah. Die Menschen haben die Botschaften der Kirche anerkannt und danach gelebt.

Nun gab es schon immer einzelne Denker, die sehr früh Wahrheiten erkannten, aber die Zeit war noch nicht reif, diese anzuerkennen.

Aristarch von Samos (300 - 230 v.Chr.) behauptete, dass die Sonne als ruhender Pol im Mittelpunkt der Welt stünde und dass die Erde sie umkreist und sich um die eigene Achse drehe. Er und seine Lehre wurden vergessen.

Thales von Milet meinte, das Himmelsgewölbe sei eine Vollkugel, in deren Mitte die Erde schwamm. Pythagoras erkannte die Kugelgestalt der Erde. Sie ruhte inmitten des Universums. Durch ihren Mittelpunkt geht die Weltachse.

So kam man der Wahrheit immer näher.

Nur die Kirche stand all dem feindlich gegenüber. Sie erkannte die entstehenden Wissenschaften nicht an. Für sie gab es nur eine Wissenschaft, nämlich die Theologie. Dadurch setzten sich die Erkenntnisse der Wissenschaft erst verspätet durch. Selbst Luther fragte, ob der Narr Kopernikus die ganze Kunst Astronominae umkehren will.

Und auch die Universitäten Oxford, Paris, Leipzig und andere lehnten die Erkenntnisse des Kopernikus ab.

Auf Dauer waren aber die großen Denker dieser Zeit mit ihren bewiesenen Erkenntnissen nicht mehr aufzuhalten und sorgten dafür, dass die Menschen sich ein neues Weltbild suchen mussten.

Eine neue Zeit brach an.
Kopernikus erkannte in seinem neuen Heliozentrischen Weltbild, dass die Sonne im Mittelpunkt steht und alle Planeten sie umkreisen.

Kepler erkannte die ellipsenförmigen Bahnen der Planeten und die verschiedenen Geschwindigkeiten derselben.
Galilei war ein großer Mathematiker und Astronom. Er hat die Beweise für die Richtigkeit des Heliozentrischen Weltbildes erbracht. Er hat auch die experimentelle Forschungsmethode in der Physik eingeführt. Er erkannte die Fall- und Pendelgesetze und besaß schon ein Fernrohr.
Isaac Newton erkannte die Gesetze der Schwerkraft und das Gravitationsgesetz. Er ist der Begründer der klassischen Mathematik.
Darwin begründete die Evolutionslehre.
Es entstanden also die neuen Wissenschaften und die Wissenschaftler konnten immer neue Gebiete und Bereiche erforschen.
Kurz gesagt: Die Gesetze der Natur und die Kräfte der Natur mussten mit hereingenommen werden in das neue Weltbild.
Dadurch kam der Schöpfungsbericht der Kirche ins Schwanken. Die Wissenschaften brachten mehr Wahrheiten ans Licht. Viele Rätsel und Geheimnisse, mit denen die Menschen bisher zurechtkommen mussten, wurden entzaubert. Der Wissenschaft geht es darum, möglichst nahe an die Wahrheit heranzukommen.
Der Kraft- und Willensakt, mit dem Gott alles erschaffen hat, genügte nicht mehr. Endlich hatte man erkannt, dass auch die Naturgesetze und die Evolution dazu gehören, wenn Leben und Gebilde entstehen sollen und können.
Und jetzt hätte die Kirche die Chance gehabt, die Texte der Bibel neu zu überdenken und dem Denken der Menschen dieser Zeit anzupassen und zu deuten, nämlich mit den Erkenntnissen der Wissenschaften. Jeder Mensch hätte verstanden, dass damals den Schreibern diese Erkenntnisse noch nicht bekannt waren. Und deshalb hätte damals eine Anpassung unbedingt stattfinden müs-

sen. Und das hat die Kirche bis heute nicht getan. Sie hält immer noch an den Texten von damals fest.

Etwa ab Mitte des 18-ten Jahrhunderts müssen wir Menschen mit zwei verschiedenen Meinungen über die Entstehung des Universums und des Menschen leben, denn die Wissenschaften sind der Meinung, dass das All und alles, was wir in ihm finden, und auch der Mensch allein durch die Naturgesetze und die in der Materie schon vorhandenen Bausteine (GENE) geworden sind. Der Mensch ist ein Produkt der Natur. Und nun muss sich jeder Mensch selbst entscheiden, was er glauben will. Das ist schwierig, weil beide Meinungen total verschieden sind.

Das Christentum lehrt, dass nach dem Tod für einen Teil des Menschen, nämlich für den Körper, eine Zeitlang das Leben zu Ende ist und nur die ewige Seele lebt im Jenseits weiter und wartet auf das Jüngste Gericht. Dann soll der Mensch wieder in einer neuen Leiblichkeit auferstehen und das Urteil erfüllen. Wie diese neue Leiblichkeit aussehen wird, kann niemand sagen. Bei der Himmelfahrt Christi wurde gefragt, welche Gestalt er hatte, als er nach der Auferstehung in den Himmel gehoben wurde. Es wurde gesagt: Jesus war ein ganz anderer geworden, aber derselbe geblieben (Na, da werde einer schlau).

Ich sehe keine Notwendigkeit für ein zweites Leben im Jenseits. Die Lehre sagt uns, dass unser Leben im Diesseits, also auf der Erde, dazu dient, uns auf das Jenseits vorzubereiten, d.h., wir müssen so leben, dass wir beim Jüngsten Gericht gut abschneiden, denn dort finden wir unser Ziel, die ewige Seligkeit und werden wir belohnt oder bestraft. Wir müssen im irdischen Leben unser Wollen dem Wollen Gottes total unterordnen. „Die demütige Unterwerfung unter Gott ist der schönste Schmuck des Christen."

Ich habe mich gefragt, wozu man ein zweites Leben im Jenseits brauchte?

Ich meine, ein Grund liegt darin, dass man den Armen, den Unterdrückten und Bedürftigen, die es auf Erden immer geben wird, eine Möglichkeit versprach, dort einen gerechten Ausgleich zu bekommen. Sie sollten Hoffnung, Trost und eine Entschädigung für ihre Nachteile, die sie im irdischen Leben hinnehmen mussten, erhalten und bekommen.

Man hatte erkannt, dass es auf der Erde noch nie gleiche Bedingungen gegeben hat. Immer gab es Arme und Unterdrückte, Behinderte und Kranke. Und für die ist dieses Leben im Jenseits gedacht. Gott selbst hat sich um die Bedürftigen gekümmert und ihnen im Jenseits einen gerechten Ausgleich versprochen. Das gab Hoffnung, Halt, Mut und Ausdauer, um das schlimme Leben auf Erden zu ertragen. Also glaubte man an das Jenseits. Besonders an den Himmel. Er war und ist das Ziel der Menschen: Die ewige Seligkeit.

Man durfte bei Gott wohnen, seine Herrlichkeit schauen. Man wollte wieder auferstehen und beim Vater im Himmel sein. Das Jenseits war deshalb gut für viele Menschen und gleichzeitig Ansporn, sich anzustrengen und ein gues Leben zu führen.

Gott predigte selbst:

„Selig, die arm sind vor Gott; denn ihnen gehört das Himmelreich" (Dr. Günther Sternberger, 1983).

„Selig, die um der Gerechtigkeit willen verfolgt werden; denn ihnen gehört das Himmelreich" (Dr. Günther Sternberger, 1983).

„Selig seit ihr, wenn ihr um meinetwillen und auf alle möglichen Weise verleumdet werdet. Freut euch und jubelt; Euer Lohn im Himmel wird groß sein" (Dr. Günther Sternberger, 1983).

Für die Bösen ist es nicht gut, denn die müssen ewige Schmerzen erleiden für ihre bösen Taten.

Ich sehe alles ein bisschen anders. Betrachten wir die Strafe für unser Vergehen. Schlimme Vergehen müssen die Menschen doch schon auf Erden büßen. Die staatliche Gerichtsbarkeit und Rechtsprechung, in der doch sittliche und religiöse Werte wirken, bestraft uns. Warum soll ich dann im Jenseits nochmal für die gleiche schlimme Tat verurteilt werden und gleich für ewig? Lässliche Sünden werden für mich durch den Richter, den wir mitbekommen haben und in uns tragen, erledigt und bereinigt. Mein Gewissen sagt mir sofort, wenn ich etwas Dummes tun will oder getan habe, da hast du etwas falsch gemacht. Ich bekomme ein schlechtes Gewissen, und das sehe ich als Strafe an. Dieser miese Zustand hält solange an, bis ich echt bereut und versucht habe, etwas wieder in Ordnung zu bringen. Ist dies gelungen, dann beruhigt sich mein Gewissen wieder und ich erkenne darin die Absolution. Mir wurde durch mein Gewissen sofort gesagt, du liegst falsch. Ich erkenne meinen Fehler und kann für die Zukunft die richtige Lehre ziehen. Aus Fehlern kann man lernen. Ich kann wieder etwas gutmachen. Das ist das Entscheidende. Ich kann doch im Jenseits nichts wieder gutmachen. Diese Strafe hat für mich keinen Sinn mehr, sie kommt zu spät, um wirken zu können. Strafe muss auf das Vergehen sofort folgen, dann gibt sie einen Sinn.

Im Himmel sehe ich die Herrlichkeit Gottes. Gott ist ein unsichtbares Wesen. Was soll ich da erkennen können? Ich sehe auf Erden, wenn ich will, jeden Tag, Gottes Herrlichkeit, nämlich in seiner Schöpfung. In jeder Blume, in jedem Menschen, in jedem Schmetterling erkenne ich seine Herrlichkeit. Allerdings muss ich die Augen und Ohren offen halten und bereit sein zum Erkennen. Wozu brauche ich ein zweites Leben, dessen Neubeginn so schwierig ist? Ich kann doch nur wirken und etwas tun, solange ich auf der Erde lebe. Nach Bonhoeffer ist Gott nicht im Jenseits zu suchen und zu finden, sondern im Diesseits. Im Jenseits komme ich über das Fegfeuer zu Gott oder ewig in die Hölle. Im Diesseits kann ich mitwirken, dass es auf der Erde etwas besser wird, wie es zurzeit ist.

Auswirkungen des neuen Weltbildes

Dieses neue Weltbild brachte das Denken und Leben der Menschen ganz schön durcheinander. Die Kirche bekam mit den Wissenschaften einen ernstzunehmenden Konkurrenten, weil sie jeden Kontakt mit der Wissenschaft und ihren Erkenntnissen ablehnte. Die Kirche erkannte die neuen Fachbereiche als Wissenschaften nicht an. Für sie gab es auch weiterhin nur eine Wissenschaft, die Theologie.

Die geistige Entwicklung der Menschen

Die Menschen wurden klüger und gescheiter und verstanden immer mehr die Ereignisse der Natur. Die Erkenntnisse der Wissenschaften wurden immer mehr zum Wohle der Menschen eingesetzt und verwendet. So konnten im Laufe der Zeit neue Maschinen, neue Geräte und Apparate für die Wirtschaft, Medizin und die Infrastruktur entwickelt und gebaut werden. Auch im Zusammenleben der Menschen wurden Modelle erprobt. Die Religionen bekamen Einfluss auf die staatliche Entwicklung, und das war nicht immer vorteilhaft. Streitigkeiten zwischen Kaisern und Päpsten waren die Folge. Wer war stärker, der Kaiser oder der Papst? Die Verweltlichung der Kirchenfürsten nahm zu, Fürstbischöfe mussten zwei Herren dienen, Päpste führten ein weltliches Lotterleben, so dass Reformer auftreten mussten. Es kam zur Aufspaltung des Christentums und zum 30-jährigen Krieg, der für ganz Europa Elend und Not brachte. Christen brachten sich gegenseitig um. In den Kreuzzügen hatten sich schon Christen und Juden bekämpft.

Machthungrige Herrscher wollten Weltreiche errichten. Kaiser regierten als Gottkaiser. Immer neue Waffen wurden entwickelt. Oft waren es Pferde, Schiffe oder neue Gewehre, die Kriege entschieden. Es war also immer viel los auf dieser Erde.

Was aber auffiel war, dass die anstehenden Probleme immer mit Gewalt entschieden und gelöst wurden. Kriege und Versklavung waren die Folge. Ist das der Sinn, dass wir göttliche Eigenschaften bekommen haben? Wurden wir deshalb zur Krone der Schöpfung, um das Böse zu tun und unsere Mitmenschen zu vernichten?

Inzwischen waren die Erdteile erforscht, Schiffe gebaut, mit denen man ferne Länder anlief, sie erforschte und sie zu Kolonien machte. Da gab es Bodenschätze, Gold und Silber. Man brauchte sich diese Schätze nur zu holen. Und das konnten nur die europäischen Staaten tun, denn diese hatten eine Flotte. Ein Wettlauf setzte ein, um die besten Kolonien zu bekommen. Die Kolonialzeit war eine ungeheure Schweinerei, und die Folgen bekommen wir erst heute zu spüren.

Die Kolonialherren raubten ihre Kolonien aus, holten deren Bodenschätze und brachten viele Einwohner um. Diesen Staaten, die später ihre Unabhängigkeit erkämpften, fehlen heute ihre Bodenschätze, um eine eigene Wirtschaft aufbauen zu können. Aus den Kolonien wurden auch willkürlich Grenzen für die neuen Staaten gezogen, in denen Menschen mit verschiedenen Religionen, Dialekten zusammen leben mussten. Heute wollen viele afrikanische Staaten nationale Staaten werden und vertreiben oder töten Minderheiten.

Dass diese ausgeraubten Staaten heute von den ehemaligen Kolonialherren Hilfe für den Aufbau ihrer Wirtschaft verlangen, ist verständlich.

Die Europäer stehen heute in der Schuld dieser Länder.

Zwei Weltkriege sorgten noch einmal für schreckliche Ereignisse. Zweimal war Deutschland mit großer Schuld daran beteiligt, zweimal verloren wir den Krieg und bekamen harte Bedingungen auferlegt.

Doch dann trat fast ein Wunder ein: Seit über 60 Jahre herrschte Ruhe. Sogar die Großmächte beendeten den Kalten Krieg. Und aus Todfeinden wurden Freunde und gute Nachbarn.

Die Menschen hatten endlich begriffen, dass die bisherige Art, Probleme zu lösen, wohl doch nicht die Richtige ist. Laut hörte man den Ruf: „NIE WIEDER KRIEG"!

60 Jahre ging es gut. Die Kriege hatten viel zerstört, was wieder aufgebaut werden musste. Es gab genügend Arbeitsplätze. Es gab Wohlstand und Fortschritt, uns ging es immer besser. Vor lauter Begeisterung dachten wir nur noch an Rekorde, Prozente, Luxus und Fortschritt und Höchstleistungen.

In einer blühenden Wirtschaft sahen die Regierungen ihr erstes Ziel und waren zufrieden. Und wir Menschen auch.

Es lief alles wunderbar. Politische Bündnisse wurden geschlossen, Tochterbetriebe wurden in der ganzen Welt gegründet, die Verflechtungen wurden ausgebaut. So konnte es ruhig weiter gehen.

Die Welt schien in Ordnung zu sein. Oder war das alles nur Schein und Rauch?

<u>Was war im Stillen unerkannt geschehen?</u>

Die Industriestaaten waren immer reicher geworden, den Entwicklungsländern fehlten ihre gestohlenen Bodenschätze und sie wollten auch einmal Nationalstaaten sein, in denen nur gleiche Menschen lebten und wohnten.
Auf der anderen Seite wurden in den Industriestaaten Arbeiter gebraucht und die kamen aus armen Ländern. Sie sahen, wie groß der Wohlstand in den Industriestaaten war. Auch die Medien zeigen den armen Menschen deutlich die großen Unterschiede. Sie wollen auch ein bisschen mehr Lebensqualität.
Sie möchten nun auch endlich, dass die Menschenrechte für sie gelten: Recht auf Leben, Bildung, Arbeit, Besitz, Religion.
Heute ist es wieder vorbei mit der Ruhe. Wir haben wieder seit einigen Jahren Krieg, Unterdrückung, Vertreibung, Totschlag, wie schon so oft. Diesmal sind es aber nicht die Großmächte, die angefangen haben, sondern kleine Staaten und fanatische Moslems, die für Unruhe sorgen. Es sind die Staaten, die im Vorderen Orient nach dem Zweiten Weltkrieg durch die Siegermächte willkürlich entstanden sind, in denen auch verschiedene Stämme, Menschen mit unterschiedlichem Glauben und Werten zusammenleben müssen.
Unsere Situation sieht gar nicht rosig aus.
Wir sind an einem Punkt angekommen, an dem nun plötzlich Probleme auf uns zukommen, die wir nicht rechtzeitig erkannt und beachtet haben. Bisher mussten die Völker selbst ihre Probleme

lösen. Das ist jetzt nicht mehr möglich, denn die Probleme sind jetzt weltweit und können nur gemeinsam von allen Ländern angegangen und beseitigt werden.
Wir müssen neue Wege suchen, neue Möglichkeiten finden, damit wir zusammen unsere Zukunft gestalten können. Ein UMDENKEN der Menschen, der Regierenden, der Wirtschaft und der Religionen muss rasch erfolgen und stattfinden.

Eine neue Zeit ist angebrochen. Ein neues Weltbild ist gefragt und muss gefunden und verwirklicht werden.

WIR MENSCHEN MÜSSEN UMDENKEN:

Wir lebten bisher oft nur egoistisch, ichbezogen. Das muss anders werden. Altruistisches Denken und Tun sind gefragt. Das Miteinander und Füreinander sind entscheidend für unsere Zukunft. Sahen wir bisher im Andersdenkenden, Andersgläubigen den Gegner, der uns den Arbeitsplatz wegnimmt, der uns die Wohnung wegnimmt, so müssen wir in ihm in Zukunft den Kollegen, den Partner und Mitmenschen sehen. Wir müssen also toleranter, hilfsbereiter, menschlicher werden. Wir müssen ihn als Nachbarn und Andersdenkenden achten und schätzen. Das wird oft nicht einfach sein, aber wir werden gezwungen, so zu denken, wir müssen diese Eigenschaften erst wieder lernen.
Die Politiker müssen die Probleme aller Länder erkennen und sehen. Im Mittelpunkt müssen Gespräche stehen und nicht Gewalt. Das Vertrauen zueinander muss langsam wachsen, so dass wieder Verträge und Vereinbarungen getroffen werden können, die dann aber auch eingehalten werden. Wir brauchen Frauen und Männer

als Politiker, die verantwortungsvoll handeln und sich mit guten Argumenten und nicht durch lautes Geschrei durchsetzen.

Umdenken müssen die Regierungen der Länder.
Gemeinsam müssen sie die noch vorhandenen Bodenschätze verwalten und bereitstellen. Überproduktion muss vermieden werden, Gesetze müssen für alle annehmbar sein, Verträge müssen gemeinsam beschlossen und auch verwirklicht werden. Es muss versucht werden, große politische Gemeinschaften zu gründen, die gemeinsam zu einer wirtschaftlichen und politischen Union zusammenwachsen. Gemeinsame, vernünftige Kompromisse müssen erzielt werden.
Ein alle Länder verbindendes Netzwerk zur raschen Verständigung muss geschaffen werden, damit schnell notwendig gewordene Hilfen eingeleitet werden können. Die Hilfe muss schnell und gezielt erfolgen und überwacht und kontrolliert werden.
Umdenken müssen die Industrie und die Wirtschaft.
Nicht mehr Fertigungsrekorde, ständiger prozentueller Zuwachs dürfen Ziel der Produktion sein, sondern der notwendige Bedarf der Länder ist wichtig. Was nützen wunderschöne Autos, wenn keine Käufer vorhanden sind? Den Entwicklungsländern muss mit einfachen notwendigen Maschinen geholfen werden, eine eigene Wirtschaft aufzubauen.
Nicht mehr schnellere Arbeitsweise und eine größere Stückzahl sind erstrebenswert, sondern gute, solide Geräte, Autos und Maschinen brauchen wir, die nicht nach ein paar Jahren durch neue ersetzt werden müssen. Heute werden uns neue Produkte angeboten, die nicht erprobt und ausgereift sind. Arbeitsplätze für Menschen werden benötigt. Und zwar solche, die uns nicht krank

machen und nicht ständig einen Rhythmus aufzwingen, den wir nicht bringen können. Computer und Roboter werden gezielt notwendig sein, aber sie dürfen den Menschen nicht die immer weniger werdende Arbeit wegnehmen und uns nicht krank machen.
Umdenken müssen vor allem die großen Religionen.
Und in ihnen sehe ich die größten Schwierigkeiten für ein Zusammenwachsen der Menschheit, für gemeinsames Tun und Wollen. Es ist für mich nicht die Botschaft ihrer verschiedenen Götter, sondern es ist die Vielzahl der großen Religionen und ihrer Hierarchie und Macht, die sie durch die enge Verbindung mit ihrem Staat haben. Es sind aber auch die unzähligen Sekten und sonstigen religiösen Gruppen.
Jede Religion glaubt doch, dass sie die einzig richtige und wahre ist und die sollte auch für alle anderen gelten. Jeder Gläubige einer Religion glaubt doch, dass seine die richtige ist.
Wie soll man die alle unter einen Hut bringen? Dieser Anspruch jeder Religion scheint ein unüberwindbares Hindernis zu sein. Dazu kommt noch, dass die Religionsfürsten natürlich ihre Macht (und die ist noch immer groß) nicht verlieren und abgeben wollen.
Ich habe mich mit allen großen Religionen beschäftigt und fand zu meiner Überraschung viele Gemeinsamkeiten, die vieles erleichtern können.
Ich bin fest davon überzeugt, dass es eine Möglichkeit für eine Annäherung, sogar für eine einheitliche einfache Botschaft, finden lässt, wenn die Religionen bereit sind, einige Vorbedingungen zu erfüllen.
Sie müssen bereit sein, auf den jetzigen Namen ihres Gottes zu verzichten. Sie verehren doch schon immer in ihrem Gott den wirklichen Urgott, der alles erschaffen hat.

Für diesen Urgott müssen wir gemeinsam einen neuen Namen suchen und finden, der für alle Religionen gelten muss.
Sie müssen bereit sein, ihre Heiligen Schriften von Geheimnissen und Unklarheiten zu reinigen, zu entrümpeln, und nur die wirkliche Botschaft des einen Gottes verständlich und glaubhaft zu offenbaren. Sie müssen die Texte dem Denken unserer Zeit anpassen und verständlich predigen. Das haben bisher fast alle Religionen versäumt. Und das war ihr größter Fehler. Sie müssen ihre Religion vereinfachen und mit nur einem GEBOT, das da heißt: „TU DAS GUTE UND MEIDE DAS BÖSE" auskommen. Sie sagen ja schon immer, dass wir das Gute tun und das Böse meiden sollen. Nur hat es bisher wenig genützt. Vielleicht wurde es eben uns Menschen nicht richtig gesagt, was die Botschaft Gottes will.
Alle Religionen meinen, ihre Hl. Schriften sind mit göttlicher Hilfe entstanden. Wieder etwas Gemeinsames. Warum soll es dann nicht gelingen, eine einheitliche Botschaft zu finden, mit der alle Menschen besser leben könnten?
Angestrebtes Ziel aller Religionen sollte also sein:
1. Eine gemeinsame Botschaft, die jede Religion für ihre Bedürfnisse sprachlich formulieren kann.
2. Ein Gott mit neuem gemeinsamen Namen.
3. Ein Gebot für alle Religionen soll ausreichen und verwirklicht werden.
4. Der Anspruch, die einzig wahre Religion zu sein, muss aufgegeben werden (Es gibt nur eine Botschaft, und die ist für alle Religionen gleich).
Es gab und gibt nur einen Gott, der alles geschaffen hat, es gibt nur eine Botschaft. Warum soll es dann nicht möglich sein, die vorhandenen Religionen einander anzupassen näher zu bringen?

Der Kern der einzelnen Religionen kann bleiben, sie müssen nur einen gemeinsamen Mantel bekommen.

Die Religionen waren bisher notwendig und wichtig für unsere Entwicklung und für ein einigermaßen geordnetes Zusammenleben in einem Staat. Die vielen Religionen entstanden dadurch, dass damals an vielen Orten Völker lebten, die von einander nichts wussten und so eigenes Denken entwickelten und eigene Weltbilder entwarfen, die natürlich unterschiedlich waren. In ihrer Vorstellung gab es bereits einen URGOTT, dem sie bestimmte Kräfte zuerkannten. Und so gaben sie dem einen Urgott und seiner Kraft verschiedene Namen. So nannten die Juden ihren Gott, den Abraham, Moses, König David und die Schäfer ausgesucht haben, JAHWE, die Moslems ALLAH, die Christen machten es schwieriger und brauchten drei Götter, die aber doch nur eine Einheit sind. Die jetzigen Namen passen nicht mehr in die heutige Zeit. Hätte es am Anfang, als die Religionen entstanden sind, nur ein Volk gegeben, dann gäbe es heute wahrscheinlich auch nur eine gemeinsame Religion mit einem Gott und einem Namen.

Unsere Aufgabe ist es, einen gemeinsamen Namen für den gemeinsamen Gott zu suchen.

Keiner der bisherigen Religionsgötter kann der eine Urgott sein, der alles geschaffen hat, denn diese Götter hatten wir Menschen uns so zurechtgemacht. Wir brauchten sie für unsere Entwicklung und sie sind alle mit ihrer Religion verschwunden. Sie waren also vergänglich. Der neue Gott mit neuem Namen darf nicht vergänglich sein, er ist eine Kraft, die ewig ist und sein wird. Der neue Gott muss eine überzeugende Kraft besitzen. Der neue Name muss verständlich und glaubhaft für alle Menschen sein. Er muss auch für einen unsichtbaren Gott gelten können. Wir müssen in ihm eine ewig wirkende Kraft und Macht sehen und erkennen. Wir können sein ewiges Dasein, Wirken und seine Kraft und Macht nur in seinen Werken und Wirken wahrnehmen und bewundern. Er ist die immer dagewesene, immer gegenwärtige, immer seiende Kraft und Macht. Er ist allwissend, allmächtig, allweise und hat die ganze Welt werden lassen. Er ist die gleiche Kraft, die auch in den Naturgesetzen und der Evolution wirkt. Diese Kraft und Energie ist nur in ihrer Wirkung sichtbar, und die schafft etwas, bringt etwas hervor und überzeugt.

Es ist die Kraft, die planen kann, etwas hervorbringen und gestalten kann, die schöpferisch tätig ist und das Universum, alle Lebewesen, alle Gebilde in ihm hat werden lassen. Warum nennen wir sie nicht einfach: Schöpfergott, Schöpferkraft oder SCHÖPFER?

Der Schöpfer hat den gläubigen wie auch den ungläubigen Menschen werden lassen. Er ist der Urgott in seiner ganzen Größe. Die Religionsgötter waren von uns gemachte „Hilfsgötter".

Der Name Schöpfer verkörpert die Kraft, die alles hervorgebracht hat, erhält und verändert, die immer wieder Neues ermöglicht. Es gibt keinen besseren Namen für diese ewig wirkende und ewig seiende Kraft, Energie und Macht. Dieser Name kann von allen Institutionen und Menschen akzeptiert werden.

Dringend notwendig ist für die Religionen auch eine „Entrümpelung" ihrer Hl. Schriften. Und für die christliche Lehre wäre eine völlig neue Lehre sinnvoll, die nur die wirkliche Botschaft Gottes und die wahre Entstehung des Christentums zum Inhalt hat. Ich meine, dass Jesus von Nazareth als der Prophet und Verkünder der christlichen Lehre gelten sollte. Er hat wirklich gelebt und gepredigt und wurde verurteilt und gekreuzigt. Der Apostel Paulus ist der Christusmacher indem er sagte: „...mit Jesus von Nazareth ist endlich der versprochene und ersehnte Messias, der Erlöser und Heilbringer gekommen. Er ist der Sohn Gottes und an ihn müssen wir glauben, denn nur er kann uns erlösen". Paulus hat das Christentum auch zur Weltreligion gemacht.

Jetzt wäre für das Christentum die letzte Möglichkeit, die begangenen Fehler endlich zu beseitigen, einen Neubeginn zu starten. Für diesen Neubeginn reicht auch ein einziges Gebot aus: „Tu das Gute, meide das Böse"! Wenn man das den Gläubigen richtig auslegt und erklärt, könnten sie wertvolle Hilfen für ihr Dasein erhalten. Und die Kirche ist dazu da, uns Hilfen zu geben und nicht Angst, Schuld, Verdammnis. Dieses „Du musst!, du darfst nicht!" kommt heute nicht mehr an, hat keine Wirkung mehr. Wir wollen und erwarten keine Geheimnisse und nicht zu beweisende Ereignisse, sondern eine Lehre, die verständlich ist und uns anspricht. Wir erwarten keine DROHBOTSCHAFT sondern eine FROHBOTSCHAFT.

Dieses eine Gebot: „Tu das Gute und meide das Böse" ist ja nichts Neues, aber die Auslegung durch die Religionen hat bisher keine positive Wirkung bei vielen Gläubigen hinterlassen. Das gibt doch zu denken.

Kluge Männer und Denker haben das schon immer den Menschen gesagt und offenbart: Tut das Gute und meidet das Böse!

Schon Zarathustra hat den Persern erklärt, dass es zwei Götter gibt, einen bösen und einen guten. Wir müssen den guten unterstützen, damit er gegen den bösen siegt.

Konfuzius unterrichtet seine Chinesen, dass sie auf Sitte und Moral achten müssen und gibt Anweisungen für Herrschende und einzelne Menschen heraus. In einem Spruch sagt er uns, was wir zu tun haben. Er meint:

„Wir sollen das nicht tun, was wir selbst nicht wollen, und das auch keinem andern zufügen"! Besser kann man es nicht sagen.

Selbst Buddha, der an keinen Gott, kein Jenseits und keine ewige Seele glaubte, meint, dass alles Seiende, alles Werdende vergänglich ist. Er gibt aber den Menschen doch den Rat: „Tut das Gute und meidet das Böse". Rechtes Tun, rechtes Denken sind gefragt.

Und was sagt unser Johann Wolfgang von Goethe: „Der Mensch soll edel, hilfreich und gut sein"!

Und unser großer Denker Immanuel Kant gibt uns den Rat, so zu handeln, dass unser Handeln jederzeit zum Gesetz werden kann.

Dieses Gebot enthält eine Lebensweisheit der Menschen, die sie sehr früh schon erkannt und formuliert haben. Der Sinn dieser Weisheit muss den Menschen immer wieder offenbart werden, indem der Text dem Denken und der Sprache der Menschen der jeweiligen Zeit angepasst wird. Und darauf sollten die Kirchenfürsten in nächster Zeit großen Wert legen. In einer glaubwürdigen Vermittlung der Botschaft sehe ich die Aufgabe der Religionen. Und dazu wäre jetzt der richtige Zeitpunkt und die letzte Gelegenheit, Versäumtes nachzuholen. Der Papst kann jederzeit als oberste Instanz in Glaubensfragen entscheiden (die Glaubensregel aus dem 5. Jahrhundert erlaubt es ihm). Er braucht nicht einmal die Inspiration Gottes erhalten, er kann als oberste Instanz allein in Glaubensfragen entscheiden. Er sollte es auch tun. Wenn es auch hart wird für die Religionsführer, sie sollten bereit sein für Umdenken und Reformen, denn unsere Zeit verlangt moderne Religionen, die sich nicht bekriegen, sondern achten und zur Zusammenarbeit bereit sind. Religiöse Auseinandersetzungen werden sonst weitergehen. Gelingt es uns nicht, aufeinander zuzugehen, dann war unsere Entwicklung zu intelligenten Menschen ein misslungener Versuch.

Wir müssen doch mit unseren Begabungen, mit den göttlichen Eigenschaften klüger und gescheiter geworden sein. Wir müssen uns doch so benehmen, dass wir diese göttlichen Begabungen so gebrauchen, dass etwas Gutes herauskommt. Wir müssten doch in unserem Tun und Lassen eine positive Entwicklung erkennen können.

Was müssen wir noch tun, bevor wir ein neues Modell für die Zukunft erstellen können?

Wir müssen prüfen, ob unsere geistige Entwicklung ausreicht, ob wir klug und gescheit genug sind, um eine Wende herbeizuführen. Wir müssen ein neues sinnvolles Weltbild entwickeln, das uns ermöglicht, die auf uns zukommenden Probleme rechtzeitig zu erkennen und gemeinsam zu lösen.

Ist der Mensch schon in der Lage und bereit, das Notwendige zu erkennen und zu tun?

Die Frage, ob wir Menschen in unserer Entwicklung schon so weit sind, dass wir das alles selber erkennen und verstehen können, was da auf uns zukommt, möchte ich bejahen. Natürlich sind nicht alle Menschen zur gleichen Zeit gleich klug und gleich gescheit. Das wird und kann wohl nie der Fall sein. Die Unterschiede in der

Bildung sind viel zu groß. Aber Bildung ist heute mit den modernen Techniken rasch nachzuholen. Und es ist auch gar nicht nötig, dass alle Menschen soweit sind. Es waren und sind immer nur wenige Denker, Forscher, die bahnbrechende Gedanken hatten und sie uns anbieten. Auf alle Fälle müssen diese neuen Gedanken und Modelle den Menschen bekanntgegeben und publik gemacht werden, damit sie angestrebt werden können, damit man darüber nachdenken kann. Es muss aber schon eine große Anzahl von Menschen soweit sein, dass sie selber erkennen, was in einer bestimmten Zeit getan werden muss. Und dazu sind heute genug Menschen imstande. Sie sind so klug und gescheit, dass sie viele Probleme selbst erkennen, begreifen und verstehen.

Wenn wir an die Bereiche der Kunst, der Technik, der Medizin, der Raumfahrt denken und ihre Produkte ansehen, dann können wir keinen Zweifel mehr am Bildungsstand vieler Menschen haben. Die Ärzte verlängern das Leben, tauschen Organe aus, holen Tote wieder ins Leben zurück. Die Technik baut Computer, Apparate und Roboter, die uns Menschen die Arbeit erleichtern. Heute gilt nicht mehr die Frage, ob wir das, was wir möchten, auch herstellen können, sondern heute müssen wir fragen, ob wir das, was wir könnten, auch dürfen?

Wir können heute mit unserem Verstand selbst erkennen, was gut und schlecht für uns ist. Unser Verstand sagt es uns. Wir brauchen nicht mehr auf die Meinung anderer zu warten. Bisher wurde uns immer gesagt: Das müsst ihr tun, das ist gut für dich. Das war es oft nicht. Wenn wir wissen, was gut und böse ist, dann können wir auch selbst bestimmen, wofür wir uns entscheiden sollen. Das erlaubt uns unser freier Wille.

Was ist nun gut?

Gut ist das, was in einer bestimmten Zeit getan werden muss, was unbedingt erfolgen muss. Es muss mir nützen, den Mitmenschen nützen, der Natur nützen und darf niemand schaden. Kurz gesagt: Gut ist, was dem Wohle aller dient und niemand schadet. Man muss wissen, dass sich das Gute immer ändert und für alle gleich gilt. In jeder Generation und jeder Zeit sind die Probleme anders. Aber es sind eben die Probleme, die uns sagen: Das muss jetzt getan werden, es ist notwendig, sie zu lösen.
Wenn wir die Voraussetzungen haben, Probleme zu erkennen, also selbst erkennen, was nun getan werden muss und wenn wir wissen, dass wir sie gut lösen müssen, dann muss es doch möglich sein, sie gemeinsam zu lösen. Und zwar im guten Sinne.
Wenn wir aber unser heutiges Tun und Lassen betrachten, stellen wir fest, dass viele Menschen noch immer ihre Intelligenz gebrauchen, um das, was wir dringend benötigen, was wir unbedingt erhalten und schützen müssten, hemmungslos und ohne Skrupel zu zerstören.

Wir Menschen sind natürlich nicht für das ganze Universum verantwortlich, sondern nur für uns und unsere Erde. Hier müssen wir alles tun, um beide zu erhalten.
Und was tun wir?
Wir betreiben Monokulturen, spritzen mit Giften den fruchtbaren Boden, bringen viel zu viel Gülle auf die Äcker, Felder und Wiesen und verseuchen sie. Wir zerstören unsere Atmosphäre mit CO^2. Durch die Massentierhaltung von Großvieh und durch unsere Abgase der Heizungen und Autos kommen zu viele giftige Abgase in die Luft, so dass bereits gefährliche Sonnenstrahlen unsere Erde erreichen können. Wir vergiften unsere Seen und Ozeane, indem

wir sie als Ablage des Atommülls gebrauchen und Verpackungsmaterial in ihnen entsorgen. Wir bringen wertvolles, in Gletschern gebundenes Trinkwasser zum Schmelzen und zerstören es. Wir brauchen in Zukunft die Meere als Trinkwasser, müssen es aber erst entgiften. Auch werden in Zukunft Algen, Tang und Meerestiere als Nahrungsmittel benötigt.

Wir bauen Wasserstoffbomben, die so viel Sprengkraft haben, dass man 5 Großstädte in Schutt und Asche legen und ganze Landstriche für Tausende von Jahren verseuchen kann. Wir zerstören alte Kulturdenkmäler. Wir schließen Verträge, Abkommen ab, halten diese aber nicht.

Wir lassen zu, dass 65 Millionen Menschen aus ihren Ländern vertrieben werden, wir lassen zu, dass fanatische Islamisten einen neuen Gottesstaat errichten wollen und alles, was ihnen in den Weg kommt, zerstören. Wir sind noch hilflos gegenüber Terroranschlägen in der ganzen Welt.

Wir vernichten Lebensmittel, schütten Milch auf die Straße, lassen Gurken und Tomaten auf den Feldern, obwohl Tausende von Menschen verhungern.

Wir schaffen uns mit Robotern KÜNSTLICHE INTELLIGENZ als Konkurrenz und erkennen die Gefahren nicht, die dadurch auf uns zukommen können. Wir erzeugen Maschinen, Apparate und Autos, die nicht erprobt und ausgereift sind und nach wenigen Jahren durch neue ersetzt werden müssen.

Von den Sportlern werden Höchstleistungen und Rekorde erwartet, die sie nicht ohne Doping bringen können. Die Skiabfahrten sind so schnell und gefährlich, dass man mit Todesfällen rechnen muss. Handball und Fußball werden so brutal, dass Zähne ausgeschlagen und Knochenbrüche immer häufiger werden. Der Sport wird gefährlich und unmenschlich. Der Graben zwischen Arm und Reich wird immer breiter und tiefer. Die Löhne reichen oft nicht aus, dass man davon leben kann.

Wir brauchen viel zu lange, um Probleme zu lösen. Da werden Verträge mit Zahlen erarbeitet, Abkommen vereinbart, dann geht man auseinander und nichts geschieht. Ein neuer Termin wird vereinbart, wieder wird nicht gehandelt und die Zeit vergeht.

Manche Länder sind nur solidarisch, wenn es um finanzielle Vorteile geht, verweigern aber ihre Zustimmung, wenn sie selber gefordert sind.

Das zusammenwachsende Europa steckt in Schwierigkeiten. England ist ausgetreten, anfangs hat man Staaten aufgenommen, die überhaupt nicht hineinpassten und schon zu Beginn finanzielle Hilfe benötigten (z.B. Griechenland).

Bündnisse und wirtschaftliche Verflechtungen lösen sich auf. Der neue amerikanische Präsident will nur noch an sein Land denken. Israel und Palästinenser bekriegen sich seit dem zweiten Weltkrieg. Auch hier tragen die Großmächte die Schuld. Sie gaben nur den Juden Land und Staat, und die Palästinenser warten noch heute darauf, von allen als Staaten rechtlich anerkannt zu werden. Warum schafft man nicht endlich zwei Staaten?

All diese Probleme können nur noch gelöst werden, wenn die Menschen umdenken und bereit sind, wirklich helfen zu wollen.

Wir Menschen müssen unsere Rekordsucht, unser ständiges Streben nach mehr, schneller, nach mehr Gewinn, begraben und unseren Egoismus zügeln. Das Notwendige für alle Menschen zu schaffen und zu sichern muss Ziel unserer Arbeit sein. Das Miteinander, Füreinander ist in Zukunft gefragt. Die Politiker müssen die Probleme aller Völker erkennen und entsprechend planen und handeln.

Wir müssen die religiösen, sprachlichen Unterschiede der Menschen tolerieren und dulden, ihre Denkweise zur Kenntnis nehmen, denn wer sagt uns denn, dass nur das richtig ist, was wir tun und lassen und denken?

Papst Benedikt stellt fest, dass die Kluft zwischen dem „DAMALS" der Offenbarung und dem „HEUTE" in dem der Mensch lebt, überwunden werden muss, sonst wird statt der Offenbarung Gottes nur die überholte Tradition sichtbar! Weiterhin meint er, die Religion muss in jeder Generation neu erlebt werden. Die Kirche muss sich fragen und besinnen, warum sie den Glauben nicht so verkündet, dass er auf die Fragen antwortet, die heute da sind!

Deutlicher kann man nicht sagen, dass eine Reform der Religion notwendig ist. Warum sieht das die Kirche nicht ein und packt es an?

Ich kann auch den Papst Benedikt XVI. nicht verstehen. Er hat es erkannt und auch nichts unternommen, hier Klarheit zu schaffen.

Will sie wieder eine Gelegenheit verpassen, ihre Versäumnisse einzugestehen und zu beseitigen? Will ihre Hierarchie die derzeitige Macht um jeden Preis erhalten? Vorsicht! Es kann ein böses Erwachen geben.

Meine größte Sorge sind die Religionen. Es gibt für unsere Zeit zu viele Weltreligionen, die alle ihre als die richtige absehen. Es sollte eigentlich auch nur eine Religion geben. Aber es gibt eben viele. Und deshalb sollen die Religionen sich nicht mehr bekriegen und bekämpfen, sondern ihr Gemeinsames suchen. Das gibt es nämlich. Es muss in unserer Zeit möglich sein, die eine Botschaft in ihren Hl. Schriften so anzugleichen, dass der Sinn klar zum Vorschein kommt. Das heißt: die Religionen müssen sich der Denkweise der Zeit anpassen und sprachlich verständlich offenbart werden.

Wenn sie alle nur das eine Gebot: Du sollst das Gute tun und das Böse lassen, in den Mittelpunkt ihrer Lehre stellen und alles tun, den Wert dieses Gebotes glaubhaft den Menschen zu predigen, dann liegen sie richtig und erfüllen die Botschaft Gottes, der ein Reich schaffen will, in dem Gerechtigkeit für alle herrschen soll. Das ist doch wünschenswert und anzustreben.

Für den Theologen Albrecht Ritschel ist religiöse Erkenntnis Erkenntnis von Werten. Das Reich Gottes ist ein sittliches IDEAL, das für alle Zeiten gilt.

Allerdings müssen wir die bisherige Vorstellung von Gott revidieren, und die Religionen müssten ohne Fegfeuer und Hölle auskommen. Bisher verlangten die Götter von uns totalen Gehorsam, totales Unterordnen unter Gott. Wir müssen unser Tun und Wollen, dem Wollen Gottes unterstellen. Wir müssen glauben, was uns in Geheimnissen, die wir nicht verstehen, als Gottes Botschaft offenbart wird. Wer versteht die Erbsünde, bei der die Sünde zweier Menschen auf unschuldige Kinder, auf Menschen, die von Gott noch nie etwas gehört haben, auf alle Nachgeborenen Adams übertragen wird? Die in Liebe gezeugten Kinder kommen als Verdammte auf die Welt. Das ist doch kein guter Start für einen Menschen. Ich werde für eine Sünde auf ewig verdammt, die ich nicht begangen habe.

Wer versteht die Trinität? Dieses Geheimnis Gottes den Menschen zu erklären, hat schon Augustinus jahrelang versucht und musste am Schluss klein beigeben. Und die Theologen brauchten Jahrhunderte, um dann eine Erklärung zu finden, die mir auch keine Klarheit gibt. Wer versteht die Begründung der Lehre, die Ursache für die Anklage und Kreuzigung Christi war? Die Bibel selbst berichtet, dass die Gründe für seine Verurteilung in der Gotteslästerung, Unruhestiftung und Aufwiegelei zu finden sind. Und was sagt die Kirche: Wir Menschen sind an seinem Tod schuld. Und Christus starb, um uns zu erlösen. Christus starb, weil es die Juden und Pontius Pilatus so wollten.

Wer kann die Menschwerdung eines Gottes, der ein unsichtbares Wesen ist, auch nur wollen? Etwas Unsichtbares kann doch nicht sichtbar gemacht werden. Wer kann die Auferstehung eines Toten begreifen?

Auf so vielen Geheimnissen, Vielleichtgeschichten, Widersprüchen, Verfälschungen kann man doch keine Lehre für eine Religion aufbauen. Da zeigt sich deutlich, dass nicht der Schöpfer der Planer und Stifter dieser Lehre ist, sondern menschliche Macher und Schreiber, die zuerst ihre Meinung wiedergaben und dann erst an die göttliche Inspiration dachten.

Es soll keiner den Einwand bringen und die Frage stellen: Warum hat sich das Christentum so rasch verbreitet und durchgesetzt? Dafür gibt es wieder ganz besondere glückliche Umstände.

Natürlich gibt es auch heute noch Dinge, die wir Menschen nicht begreifen und erklären können. Aber wenn 80 % einer Lehre aus solchen unerklärlichen Geheimnissen besteht, dann kann daraus keine Lehre entstehen, die glaubwürdig ist. Ein gläubiger Mensch muss im Grunde verstehen können, worum es geht, was er glauben soll. Die Botschaft des Schöpfers ist klar: Eine neue Zeit beginnt, in der ein Reich entstehen soll, in dem Gerechtigkeit für alle Menschen herrschen soll. Diese Botschaft sollen die Religionen mit nur einem Gott und einem Gebot den Menschen verkünden.

Natürlich finden wir in der Bibel von Gottes Botschaft auch etwas. So in der Bergpredigt, in den Gleichnissen, in manchen Aussprüchen, die Jesus getan hat.

Dagegen geht meine Kritik nicht. Sie richtet sich nur gegen die Pannen und Fehler, die die menschlichen Schreiber als Gottes Botschaft niedergeschrieben haben.

Gott ist nun einmal der Stifter des Christentums. Da kann man doch nichts daran ändern. Also hat er auch die Verantwortung für das, was da entstanden ist. Und er sagte es doch ganz deutlich: Durch meine Inspiration helfe und sage ich euch, was und wie ihr es schreiben sollt. Diese Inspiration hat offensichtlich nicht funktioniert.

Es scheint so zu sein, dass es uns Menschen bisher noch nicht gelungen ist, ein endgültiges Weltbild zu erstellen. Dies wird uns auch in Zukunft nicht gelingen, denn alles ändert sich und zwingt uns, nachzudenken. Wir Menschen können nur aus den Erkenntnissen und dem Wissen und Können, das wir gerade haben, versuchen, ein neues Weltbild zu erarbeiten. Es wird auch nach dem neuen weitere geben. Wir wissen nicht, was in 10 Tausend Jahren los ist. Wir wissen nicht, ob es uns noch gibt. Wir wissen nur sicher, dass die Sonne nur noch für etwa 7 Milliarden Jahre Brennmaterial hat, dann wird sie immer größer und heißer und dann zerplatzen und in einem Schwarzen Loch verschwinden. Das würde natürlich für uns Menschen auch das Ende bedeuten, wenn wir bis dahin es überhaupt geschafft haben, am Leben zu bleiben.

Bleiben wir in unserer Zeit. Wir sind seit dem Mittelalter klüger geworden, sollten also dazugelernt haben.

Unsere Religion bemüht sich schon über 2000 Jahre, die göttliche Offenbarung zu verkünden. Wir sehen aber, dass dieses Bemühen nicht viel gebracht hat. Viele Menschen finden am Zerstören, am Töten und Vertreiben noch Freude und Lust.

Die Folge muss doch sein, dass wir für uns rasch ein völlig neues Weltbild schaffen müssen. Mit diesem Modell muss es möglich sein, unsere Probleme zu lösen.

Und die Religionen müssen sich fragen, ob sie bisher alles richtig gemacht haben. Dies scheint nicht der Fall zu sein. Also müssen auch sie aufgeschlossen für neue Möglichkeiten sein.

Dazu sind alle die Voraussetzungen wichtig, die wir erkannt haben. Es geht nur mit einem Schöpfer, mit einer einfachen Religion und einem Gebot, das alle Menschen befolgen müssen, weil sie erkannt haben sollten, dass damit viel Gemeinsames erreicht werden kann. Das geht nur, wenn die Religionen ihren Anspruch „die einzig wahre" zu sein, aufgeben. Der Schöpfer hat nur eine Botschaft verkündet. Und nur eine Religion ist für alle Menschen geplant.

Die christliche Religion war eigentlich auch nur für die Juden gedacht. Und erst Paulus hat es durchgesetzt, dass auch die Heiden und alle Menschen Christen werden konnten. Er ist der Christusmacher und der Macher einer Weltreligion.

Unsere Situation zwingt uns dazu, rasch zu handeln. Wir müssen heute zusammenleben und zusammenarbeiten, egal, ob wir unterschiedliches Denken haben, verschiedenen Religionen angehören, verschiedene Sprachen sprechen. Wie soll das gehen, wenn wir nicht vereinfachen, angleichen, die gleichen Ziele haben? Wir kommen doch ohne Vertrauen, Toleranz, Nächstenliebe, Duldsamkeit, Menschenrechte, die für alle gelten und durchgesetzt werden müssen, gar nicht mehr zurecht. Und unsere Intelligenz sollte ausreichen, da mitzuwirken, dass es uns gelingt, gemeinsam zu planen, in Kompromissen zu entscheiden, vieles gerecht zu verteilen, für alle eine Bleibe und einen Arbeitsplatz zu schaffen und miteinander friedlich zusammenzuleben.

Wir müssen also auch zu unserem Schöpfer ein anderes Verhältnis finden, als wir es zu unseren bisherigen Göttern haben. Der Tenor war: Wir Menschen sind sündhafte Lebewesen, denen man mit Strenge sagen musste, was sie zu tun hatten, Ziel war: die ewige Seligkeit, die wir aber erst im Jenseits erlangen können.

Ich meine, das war ein bisschen umständlich und wenig sinnvoll. Darüber haben wir uns bereits Gedanken gemacht.

Vielleicht gibt es eine Möglichkeit, hier ein wenig Klarheit zu schaffen. Unser Weltbild muss also eine Weiterentwicklung der geistigen Fähigkeiten bei den Menschen erkennen lassen. Unser Weltbild muss immer vernünftiger und glaubhafter werden. Es muss deutlich zeigen, dass wir dazugelernt haben, dass wir selber bereit sind, mit unseren Fähigkeiten, unserem Wissen, Können und Wollen mitzuhelfen, das zu tun, was richtig ist. Wir müssen alles tun, um unsere Erde zu erhalten. Wir müssen alles tun, um unsere Aufgaben, Pflichten zu erfüllen und für unser Tun und Lassen die volle Verantwortung übernehmen. Wenn wir dazu bereit sind, wenn wir uns Mühe geben, dann haben wir mit dem neuen Weltbild eine echte Chance für eine bestimmte Zeit unsere Probleme einigermaßen ordentlich in den Griff zu bekommen.

Meine größte Sorge ist, dass die Kirchenfürsten und Oberste der Religionen wenig Bereitschaft zeigen, von ihrer derzeitigen Macht und Bedeutung etwas abzugeben. Aber gerade das wird nötig sein, wenn wir in Zukunft mit ihnen weiter zusammenarbeiten wollen. Sie haben ihre Macht und Position ja auch einmal zugesprochen bekommen, als die Staaten sie in ihr Ordnungsstreben

mit einbezogen. Als der röm. Kaiser Konstantin den Religionen erlaubte, sich frei entfalten zu können, bedeutete das Machtzuwachs. Spätere Kaiser haben das Christentum zur Staatsreligion gemacht und alle anderen Religionen verboten. Also die Mitwirkung der Religionen mit dem Staat zusammen eine vernünftige Ordnung aufzubauen, ist kein verbrieftes Recht. Es kann eine Zeit kommen, dass alle Religionen wieder verboten werden. Was machen die Religionen dann?
Es wäre doch klug und würde menschliche Intelligenz beweisen, wenn die jetzigen Religionsbosse zwar schmerzliche Einbußen hinnehmen aber die Gelegenheit nutzen, ihre Lehren der Zeit anzupassen. Sie müssen sich in Zukunft um die sinnvolle und bessere Auslegung der Botschaft des Schöpfers kümmern, sonst laufen ihnen die Gläubigen davon.
Denken wir daran, was Papst Benedikt XVI. gesagt hat (siehe weiter oben).
Die Ostreligionen kommen dabei besser weg als der Islam und das Christentum. Bei ihnen ist Religion schon Sache des einzelnen Individuums. Sie können sich die Religion selbst suchen und individuell verwirklichen.
Schwierigkeiten bekommt vielleicht der Hinduismus. Die automatische Zuordnung der Menschen in Kasten, die dann in Vorschriften und Pflichten das Leben der Menschen festlegen und bestimmen, wird auf Dauer wohl nicht haltbar sein. Bei den Chinesen spielen bestimmte Riten eine Rolle, die weiterhin bleiben könnten und in ihrem Leben spielen Sitte und Moral eine wichtige Rolle. Da muss an den bisherigen Gepflogenheiten wenig geändert werden.
Beim Islam und dem Christentum wird ein großes Umdenken stattfinden müssen. Die Moslems könnten ihre sonstigen Pflichten

beibehalten. Nur im sozialen Bereich werden Reformen kommen und nicht zu verhindern sein. Was ihre Gläubigen lernen müssen ist die Tatsache, dass Männer und Frauen gleichberechtigt und gleichwertig sind und dass alle Menschen gleiche Menschenrechte haben. Toleranz ist gefragt.

Die Kirchenführung der Christen trifft es am härtesten. Sie muss versuchen, all die Pannen, die passiert sind, wieder zu beseitigen und den Gläubigen erklären, warum bis heute diesbezüglich nichts passiert ist. Ihre Lehre muss neu, verständlich und glaubhaft werden. Man sollte den Gläubigen sagen, dass die menschlichen Macher und Schreiber IHRE EIGENEN Vorstellungen und Meinungen in den Vordergrund gestellt haben, und man sollte zugestehen, dass man einen Gott, der ein unsichtbares Wesen ist, nicht Mensch werden lassen kann. Man sollte zugeben, dass Jesus von Nazareth die Botschaft Gottes den Menschen offenbart hat, dass er nicht deshalb angeklagt und gekreuzigt wurde, um uns zu erlösen, sondern die Anklage der Juden Gotteslästerung lautete, die Anklage der Römer war Unruhestifter und Aufwiegler.

Ich frage mich, wovon ich erlöst werden soll. Ich habe diese Sünde nicht begangen, und will und kann deshalb auch nicht mit ewiger Verdammnis bestraft werden, von der ich dann wieder erlöst werden muss.

Durch die Taufe (Wiedergeburt) wurde ich von der Erbsünde erlöst. Für harte Sünden werde ich von der staatlichen Gerichtsbarkeit belangt.

Die Kirche sagt uns aber, dass wir unsere Sünden einem Priester beichten müssen, der dann bestraft und die Absolution erteilt.

Ich meine: Der Priester kann nicht feststellen, ob ich meine Sünden wirklich bereue, ob ich alle Sünden beichte, ob ich die Buße auch erfülle. Wo liegt da der Sinn der Beichte? Viele Menschen gehen zur Beichte, weil sie da jemand freispricht von Schuld. Und damit ist für sie alles erledigt. Was soll denn da noch erlöst werden? Ich habe nach der Beichte keine Sünden mehr. Alles ist wieder gut.

Mich stört auch, dass Gott zwei Hilfsgötter brauchte, um seine Botschaft predigen zu können. Beide mussten erst geschaffen werden, sind also Geschöpfe und Geschöpfe können keine Götter sein. Der Unterschied zwischen einem Geschöpf und seinem Schöpfer ist sehr groß.

Warum bin ich hier so kritisch?

Weil es notwendig ist! Man kann doch von einem Gläubigen nicht verlangen, nach einer Lehre zu leben, die zu 80 % nur aus geheimnisvollen Ereignissen besteht, die niemand versteht und fassen kann, die man einfach glauben muss.

Die Texte der Bibel müssen völlig neu überarbeitet werden und die Botschaft Gottes zum Inhalt haben.

Die Botschaft eines unsichtbaren Gottes kann nur über Herolde oder Propheten offenbart werden und muss das Wollen dieses Gottes zum Ausdruck bringen.

Jetzt wäre der richtige Zeitpunkt, dass sich die Kirche dieser Notwendigkeiten annimmt und sie bereinigt.

Es wäre sinnvoll, wenn sich die Kirche und der Staat wieder trennen würden. Die Kirche sollte sich auf ihre eigentliche Aufgabe konzentrieren. Sie sollte über die Botschaft Gottes die Menschen besser machen, sollte ihnen Hilfen geben. Und es sind doch Menschen, die bestimmen, was auf der Erde geschieht. Und religiöse Menschen verwirklichen doch in der Gesetzgebung religiöse und soziale Werte der Botschaft Gottes.

Mir geht es in meiner Kritik nicht darum, die wertvollen christlichen Werte lächerlich zu machen oder zu mindern. Ich möchte nur eine Bibel, mit der der normale Mensch sich unterhalten kann, in der er viel findet, was er für sein Leben gebrauchen kann. Geheimnisse gehören nicht unbedingt dazu. Ereignisse, die mit der Botschaft nichts zu tun haben, ebenfalls nicht.

Worauf wir Menschen besonders achten sollten

Wir Menschen sollten uns viel mehr um die Lösung der auf uns zukommenden weltweiten Probleme kümmern. Sie sind es, die jeder selbst erkennen muss und dann entsprechend sinnvoll an der Lösung mitwirken muss. Und diese Probleme sind global und können von einem Land nicht mehr bewältigt werden. Und diese Probleme bestimmen, was wir Menschen zusammen zu tun haben.

Alle Menschen müssen endlich einsehen und begreifen, dass mit Kriegen und Gewalt kein Problem gelöst werden kann, dass dadurch erst weitere geschaffen werden.
Die Großmächte sind hier gefordert. Sie müssen ihren dummen Kampf um Erdöl, Erdgas usw. aufgeben und gemeinsam sich einen Überblick verschaffen, was überhaupt noch vorhanden ist. Die noch vorhandenen Bodenschätze müssen gemeinsam erfasst und verteilt werden, aber ohne Kriege. Sie dürfen nur für friedliche Zwecke verwendet werden.
Über die ganze Erde muss ein Nachrichtensystem errichtet werden, damit sofort Katastrophen wie Vulkanausbrüche, Erdbeben und Tsunamis an eine Zentrale gemeldet werden, die dann schnell Hilfsmaßnahmen anlaufen lassen kann.

Für kleine Auseinandersetzungen zwischen Völkern muss eine ständig in Bereitschaft stehende Truppe Soldaten zum Einsatz kommen und für Ruhe sorgen. Diese Kleinkriegerei darf gar nicht mehr entstehen.
Und hier sind auch die Großmächte gefragt. Sie dürfen kein Land unterstützen und mit Kriegswaffen beliefern.
Gemeinsam bekämpft werden müssen Hungersnöte auf der ganzen Welt. Die Nahrungsmittelhersteller müssen wieder ausgereiftes Obst, haltbares Brot produzieren und zur Verfügung stellen. Auf keinen Fall dürfen Nahrungsmittel vernichtet werden. Es muss das produziert werden, was notwendig ist. Ich brauche keine 120 Brotsorten. In Krankenhäusern genügen drei verschiedene Gerichte zur Auswahl.
Eine schnelle Lösung verlangt der rasche Bevölkerungszuwachs in vielen Entwicklungsländern. In wenigen Jahrzehnten werden 11 Milliarden Menschen auf dieser Erde leben müssen. Wo sollen die wohnen? Wie sollen die ernährt werden?
Schwierig wird es werden, für alle Menschen einen Arbeitsplatz zu schaffen. Die Arbeit wird weniger werden. Kürzere Arbeitszeiten und weniger Lohn sind die Folgen.
Das Flüchtlingsproblem muss dringend gelöst werden. Das geht nicht dadurch, dass viele Menschen ihre Heimat verlassen müssen und nach Europa kommen. Den armen Ländern muss beim Aufbau einer eigenen Wirtschaft geholfen werden.
In den Industriestaaten muss der immer größer werdende Unterschied zwischen ARM und REICH beseitigt werden. Es geht nicht an, dass die Wirtschaft der Welt von etwa 100 Milliardären be-

stimmt wird, die ohne zu arbeiten mit ihrem Geld durch Spekulationen immer reicher werden.

Jeder Arbeiter muss mindestens so viel verdienen, dass er davon leben kann. Endlich müssen in allen Ländern die Menschenrechte und die Gleichberechtigung der Frauen durchgesetzt werden. Gott hat den Menschen als Mann und Frau geschaffen, und zwar gleichberechtigt und gleichwertig.

Überdacht werden muss, ob im Koma liegende Kranke noch mit künstlichen Apparaten weiter am Leben erhalten werden sollen. Da liegen Patienten schon bis zu 10 Jahren im Koma, werden künstlich ernährt und bekommen sonst nichts mehr mit vom Leben. Die Angehörigen leiden mit und werden selbst krank. Es gibt ein unumstößliches Gesetz in der Natur, dass die Organe oder die Kraft eines jeden Lebewesen nur für eine gewisse Zeit funktionieren, dann ist die Zeit um, und der Tod tritt ein. Bei alten Menschen, bei denen keine Besserung mehr erwartet werden kann, ist jede künstliche Lebenserhaltung doch eine Vergewaltigung dieses Menschen. Warum lässt man ihn nicht in Ruhe einschlafen? Man kann ihm, sollte er Schmerzen haben, ein Mittel geben, aber sonst sollte man ihn in Ruhe sterben lassen.

Das schwierigste Problem wird für jeden Menschen sein, dass er in jedem anderen Menschen die Schwester und den Bruder sehen muss. Es gibt nur ein Menschengeschlecht. Wir sind gezwungen, mit andersdenkenden, andersreligiösen, anderssprechenden Menschen zusammenzuleben und zusammenzuarbeiten. Und das bringt Probleme mit sich.

Wir müssen also wieder lernen, mit anderen zu reden, zu diskutieren, zu kommunizieren. Und wir werden in Zukunft auf viele angenehme Dinge verzichten müssen.

Diese aufgelisteten Probleme betonen nochmal die Notwendigkeit eines neuen Weltbildes. Bisher konnten wir Menschen immer nur ein Weltbild erstellen, wie es unser Wissen und Können zuließen. Jetzt sind viele Menschen in der Lage, aus eigener Kraft und Willensstärke ein Modell zu erstellen, mit dem wir die künftigen Probleme besser erkennen und lösen können.

Mit diesem neuen Weltbild müssen und können wir Menschen beweisen, ob wir Intelligenz besitzen und sie richtig gebrauchen und einsetzen.

Wir Menschen sind ein winziges Teilchen von der ewig wirkenden Kraft und Macht und Energie, die wir Schöpfer nennen.

Um tätig werden zu können, benötigen wir einen Bereich, ein kleines Stückchen vom Universum, auf dem wir leben können und für den wir verantwortlich sind. Und dieser Bereich ist unsere Erde. Auf ihr werden wir, leben wir und sterben.

Wir brauchen keine Hilfen bei der Entstehung des neuen Modells mehr.

Wir können selbst entscheiden, wie es aussehen soll.

IN ZUKUNFT ENTSCHEIDET DER MENSCH ALLEIN, WAS AUF DER ERDE GESCHEHEN SOLL.

Wir müssen uns fragen, ob wir schon selbst erkennen, was gut ist, was in unserer Zeit unbedingt getan werden muss. Und dann müssen wir entscheiden, ob und wie wir es verwirklichen wollen. Mit unserem Verstand können wir klar erkennen, was getan werden muss, mit unserem freien Willen können wir die richtige Entscheidung herbeiführen. Die richtige Entscheidung ist immer die, die Probleme sinnvoll und gut löst, die falsche Entscheidung ist immer die, die anderen und uns selbst schadet.

DAS NEUE WELTBILD FÜR UNSERE ZEIT

Ich habe nun fünf Jahre gelesen, nachgedacht , überlegt und versucht, ein Weltbild zu erstellen und zu entwerfen, mit dem wir Menschen eine gewisse Zeit vernünftig und friedlich zusammenarbeiten und zusammenleben könnten.

Dieses Modell ist eigentlich die logische Fortsetzung der bisherigen. Neu ist, dass wir nun niemanden mehr brauchen, der uns ständig sagt, was wir zu tun haben. Bisher konnten wir Menschen noch kein schlüssiges Weltbild selbst schaffen, weil wir noch Hilfen benötigten, um uns im Leben zurechtzufinden, es fehlte uns noch das Wissen dazu. Wir hatten den richtigen Gott, den Urgott, noch nicht erkannt. Wir hatten noch nicht begriffen, dass die Religionsgötter nur Hilfsgötter, nur ein Teil dieser Urkraft waren und dazu noch vergänglich. Erst jetzt sind viele Menschen in der Lage, diese notwendigen Fakten SELBST zu erkennen. Dieses Modell kann für gläubige und ungläubige Menschen in Anspruch genommen werden.

DER PLAN DES SCHÖPFERS

Wir können mit dem Schöpfer beginnen, wenn wir ihn als die seit ewig seiende und wirkende Kraft, Energie und Macht sehen und erkennen. Diese Kraft ist die gleiche, die auch in den Naturkräften wirkt und zu erkennen ist. Diese Kraft ist auch die Kraft des Urgottes.

Dieser Schöpferurgott ließ also den Menschen zu einem Lebewesen mit besonderen Eigenschaften und Begabungen werden. Und dieser Mensch entwickelte sich zu einem klugen und gescheiten Lebewesen, das sich mit den Begebenheiten des Universums auseinandersetzen konnte. Er interessierte sich für all die Dinge, die im All sind. Er forscht, plant denkt nach und sucht die Geheimnisse des Kosmos zu ergründen. Mit unserer Intelligenz können wir Stellung nehmen und selbst im Universum mitwirken.

Der Schöpfer spricht uns einen kleinen Teil seiner Schöpfung als den Bereich zu, auf dem wir werden, leben und sterben, es ist die Erde. Und auf dieser Erde sollen und können wir zeigen, ob wir den Sinn unseres Lebens finden und verwirklichen wollen. Die Erde ist der Bereich im Universum, für den wir voll und ganz verantwortlich sind. Die Erde ist unser Betätigungsfeld, auf dem wir beweisen können, ob wir etwas BESONDERES sind, ob wir intelligent sind.

Der Schöpfer sieht in uns Menschen keine sündigen Untertanen, die ihr ganzes Leben Schuldgefühle haben und ihr Tun und Lassen total unter sein Wollen stellen müssen. Er sieht in uns Geschöpfe, die sich ihrer Besonderheit, ihrer Einmaligkeit voll bewusst sind, mit denen man eine Art Partnerschaft eingehen kann. Partnerschaft bedeutet, jeder muss einen Teil dazu beitragen, dass daraus etwas Ordentliches wird.

Seinen Teil sieht er darin, dass wir in ihm den Schöpfer sehen und erkennen, der uns geschaffen hat. Sie besteht darin, dass er uns nur ein Gebot vorgibt, das aber alle zu befolgen haben. Seine Botschaft ist einfach und für alle zu verstehen. Sie muss nur in der jeweiligen Sprache und der Denkweise der Menschen immer angepasst und überzeugend offenbart werden. Seine wichtigste Aufgabe sieht er aber darin, dass er uns alle VORAUSSETZUNGEN gegeben hat, die wir benötigen, um unser Leben SELBST in die Hand zu nehmen und selbst erkennen, was wir in unserem Dasein wirklich tun und wie wir es tun müssen. Wir können mit unserem Verstand die Probleme erkennen, wissen, was GUT oder BÖSE ist. Unser freier Wille erlaubt es uns, das Richtige und Sinnvolle auch zu tun, wenn wir es wollen.

Wir wissen, was gut ist, dass dieses Gute nur für die jeweilige Zeit gilt. Wir erkennen aber auch, dass das, was für mich gut ist, für den anderen nicht auch gut ist. Hier muss dann die Mehrheit demokratisch entscheiden und bestimmen, was zurzeit eben sinnvoll ist.

Der Schöpfer hat damit seinen Part erfüllt. In Zukunft sind wir ohne Hilfen auf uns selbst angewiesen. Wir müssen selbst unser Dasein sinnvoll gestalten.

Natürlich erwartet der Schöpfer von uns auch etwas.

<u>Was erwartet und verlangt er von seinem Partner?</u>

Wir müssen uns prüfen, ob wir schon selbst in der Lage sind, das alles zu erkennen und zu wollen. Da wir intelligent sind, wissen wir, was wir zu tun haben.
So erwartet er von uns, dass wir es richtig, sinnvoll und gut machen. D. h.: Wir sollen und müssen unser Wissen und Können richtig und sinnvoll einsetzen.

Er erwartet von uns, dass wir unsere Aufgaben und Pflichten auf der Erde so erfüllen, dass die dem Wohle aller dienen. Die Erde ist unsere Zukunft und die Zukunft unserer Nachkommen. Er erwartet von uns, dass wir für unser Tun und Lassen die volle Verantwortung übernehmen. Der Sinn unseres Lebens liegt in einer guten Pflichterfüllung. Die Aufgaben und Pflichten kann ich nur in diesem Leben auf der Erde erfüllen und verwirklichen. Und wenn uns dies gelingt, dann haben wir ein gutes Leben geführt und können dem Tod getrost erwarten.

Ein zweites Leben im Jenseits ist für mich nicht notwendig. Dort kann ich nichts mehr tun. Und die ganze Geschichte mit der ewigen Seele, die allein im Jenseits auf das Jüngste Gericht wartet und die neue Leiblichkeit bei der Auferstehung befriedigen mich nicht.

Ich finde auch keinen Sinn in der nochmaligen Bestrafung für die Sünden, die wir im Diesseits begangen haben. Für schlimme Taten werden wir im Diesseits durch die Rechtsprechung bestraft. Wozu dann im Jenseits nochmal?

Lässliche Sünden ist Sache des Richters, der in meiner Brust wohnt und den jeder Mensch bei seinem Werden mitbekommen hat. Ich spreche vom GEWISSEN. Das Gewissen ist die Richtschnur für mein Leben. Es rührt sich sofort, wenn ich etwas falsch machen will oder machte. Ich bekomme ein schlechtes Gewissen. Das ist für mich die Bestrafung. Bereue ich meine Tat oder mache es wieder gut, dann beruhigt sich mein Gewissen, und ich empfinde das als Absolution (ego te absolvo).

Diese neue Religion und Botschaft ist für alle Beteiligten eine verständliche, einfache und glaubwürdige Angelegenheit.

Ein Gott, der Schöpfer, gibt seine Botschaft bekannt.

Ein Gebot reicht aus, wenn es richtig offenbart und ausgelegt wird.

Die Religionen vertragen sich und passen ihre Lehren einander an. Sie haben viel Gemeinsames und das müssen sie verwirklichen.

Der Schöpfer hat uns mündig und sicher gemacht. Er hat uns so werden lassen, dass wir selbst unsere Probleme erkennen können, sie richtig, sinnvoll und gut mit unserer Intelligenz lösen können.
Der Schöpfer und der Mensch arbeiten sinnvoll zusammen.
So einfach ist das!

<u>Was ist nun aus den Menschen geworden, die Gott nach seinem Bild und Gleichnis gemacht hat?</u>
Kann er zufrieden sein?
Wir Menschen sind schon ein besonderes Lebewesen geworden, wir sind anders als alle andern. Das liegt daran, dass wir - wie die Bibel sagt – göttliche Eigenschaften und Begabungen besitzen. Diese haben uns neugierig gemacht, uns angeregt zu hinterfragen, nachzudenken, zu forschen und experimentieren. So konnten viele von uns recht klug und gescheit werden. Mit diesem Wissen und Können haben Denker, Forscher und Produzenten auf vielen Gebieten Erstaunliches, Nützliches, Hilfreiches und Gutes schaffen und herstellen können. Aber viele Erfindungen und Produkte wurden auch dazu benutzt, unglaublich Gefährliches, Vernichtendes, Zerstörerisches herzustellen und einzusetzen. Heute muss gefragt werden: Dürfen wir das alles herstellen, was wir könnten?
 Wir müssen also feststellen, dass der Schöpfer sehr zufrieden sein kann, was das Wissen und Können anbelangt. Hier besitzen wir schon fast zu viel.
Wichtig ist die Tatsache, dass dieser Mensch sich zu einem Lebewesen entwickelt hat, das Geist, Vernunft, Gefühle hat, mit denen es zu den Gegebenheiten in Verbindung treten kann. Nur er ist imstande, das zu ergründen, was im Universum geschieht. Nur er kann feststellen, was gut und böse ist.

Mit den Menschen ist also ein Lebewesen entstanden, das Intelligenz in sehr hohem Maße besitzt. Die Intelligenz ist also das, was im Universum noch gefehlt hatte. Nur die Träger und Besitzer der Intelligenz können in das Geschehen eingreifen und Korrekturen anbringen. Nur sie können nachdenken, forschen und Zusammenhänge verstehen. Nur durch Intelligenz erfahren wir den Sinn unseres Daseins und verstehen die Größe dieser ewig wirkenden Urkraft und Macht.

Der Mensch war also ausersehen, Träger der Intelligenz für unsere Erde zu werden.

Das ist von ganz großer Bedeutung.

Wir Menschen sind vom Schöpfer auserwählt worden, mit unseren besonderen Gaben und Fähigkeiten die Voraussetzungen für Intelligenz zu schaffen. Und wenn wir dann auch noch dieses Wissen und Können richtig und sinnvoll anwenden und gebrauchen, dann handeln wir intelligent. Wir Menschen sind also Schaffer der Intelligenz. Und die Intelligenz ist die Spitze, der Höhepunkt in der Entwicklung eines Lebewesens. Nur mit der Intelligenz können die Probleme, die im Universum auftreten, positiv, d.h. so gelöst werden, dass sie dem Wohle aller nützen. Für uns ist die Erde der Übungsraum.

Vielleicht werden wir Menschen einmal in der Geschichte als Stammeltern der Intelligenz bezeichnet werden, als die Lebewesen, die die Intelligenz hervorgebracht haben.

Die zukünftigen Träger der Intelligenz werden das Problem lösen müssen, die Intelligenz richtig, wertvoll und zum Wohle aller einzusetzen und zu gebrauchen. Das haben bisher nicht alle Menschen fertig gebracht.

Wir Menschen wurden von Gott und der Natur und Evolution als Spitzenprodukt der Schöpfung geschaffen, als eine Art Krone der Schöpfung. So ganz trifft dies nicht zu. Aber wir haben in unserer Entwicklung die Intelligenz hervorgebracht. Diese Intelligenz hat noch im Universum gefehlt. Erst mit ihr beginnt die Welt interessant zu werden. Erst die jeweiligen Träger und Besitzer der Intelligenz können versuchen, die Geheimnisse der Welt zu ergründen. Ob dies jemals gelingt? Ich bezweifle es.

Ich glaube, dass wir Menschen von Anfang an fest im Plan des Schöpfers feststanden.

Wir Menschen sollten vor uns selbst etwas mehr Respekt haben, dann wäre vieles besser.

Wir benutzen unser Wissen und Können sowohl, um Gutes zu tun, als auch um Schlechtes, Böses zu tun. Und das kann nicht der Sinn der Intelligenz sein. Wir sind doch nicht auf der Welt, um das zu zerstören, was wir unbedingt für unser Leben brauchen? Das ist doch nicht intelligent!

Also, lieber Gott, Ich glaube nicht, dass du mit der derzeitigen Entwicklung der Menschen zufrieden sein kannst. Du musst uns noch beibringen, dass wir das Gute tun müssen. Wir dürfen unsere Begabungen nicht dafür verwenden, das Böse zu tun.

Vielleicht kann uns das neue Weltbild schon weiterhelfen.

Wenn mir Menschen es verwirklichen wollen, glaube ich fest daran, dass wir dann auf dem richtigen Weg sind.

Ich bin fest davon überzeugt, dass bald immer mehr Menschen selbst erkennen, dass wir unsere Zukunft mit unserer Intelligenz so gestalten und verwirklichen können, dass wir und der Schöpfer zufrieden sind.

Dieses Modell kann nicht von heute auf morgen verwirklicht werden. Es ist in die Zukunft gerichtet und als ein erstrebenswertes Ideal zu verstehen. Vielleicht ist es zu unrealistisch. Entscheidend ist für mich das Verhalten der Religionen. Verwirklicht werden könnte es auch ohne Religionen. Das ist aber noch nicht zu erwarten. Zu viele Menschen gehören noch einer religiösen Richtung an. Viele brauchen auch noch einen Gott. Sie sollen ihn auch weiterhin behalten, so lange, bis sie gescheit genug sind, selbst entscheiden zu können und zu wollen.

Dieses Modell ist nicht gegen die göttliche Botschaft gerichtet. Diese Botschaft muss aber so an die Gläubigen offenbart werden, dass diese in ihr eine Hilfe erhalten und sie verstehen. Der Text muss immer dem Denken und der Sprache der Menschen dieser Zeit angepasst werden. Und dazu ist die Kirche bis heute nicht bereit. Vielleicht bekämen die heutigen Schreiber eine bessere Inspiration vom Schöpfer als die von damals. Und so könnten heute Hl. Schriften entstehen, die für uns Menschen bedeutend wären. Ich möchte eine FROHBOTSCHAFT und KEINE DROHBOTSCHAFT als Fundament für mein Leben haben. Das irdische Leben verlangt von uns genug Kraft und Zeit, da muss die Religion nicht auch noch Angst und Unsicherheit verstärken. Religion sollte unser Tun und Lassen veredeln, besser machen, und das ist ihr bis heute nicht gelungen. Vielleicht wurde die Botschaft des Schöpfers nicht richtig offenbart. Mit unserer Intelligenz müsste das doch den Theologen und Päpsten heute möglich sein, die Botschaft des Schöpfers uns so zu offenbaren, dass wir Freude und Hilfen für unser Tun und Lassen empfinden.

Wir wissen nicht, ob wir Menschen in 7 Milliarden Jahren noch eine Bleibe haben. Wir wissen nicht wie wir dann aussehen.

Für mich steht fest, dass schon jetzt irgendwo im All noch ähnliche Systeme existieren, auf denen intelligente Lebewesen sich entwickelt haben, die körperlich und geistig völlig anders sein können. Nicht das Aussehen ist wichtig, sondern die Tatsache, dass Intelligenz im Universum geworden ist. Denn nur mit ihr sind wir Menschen ein besonderes Lebewesen. Gottes Wunsch, Lebewesen nach seinem Bild und Gleichnis zu schaffen, ist somit in Erfüllung gegangen.

Literaturverzeichnis

Dr. Günther Sternberger, Dr. Marjam Prager, (1983). *Die neue große Bibel in Farbe.* Weinheim: Zweiburgenverlag GmbH, Band 4, Seite 1670.